Gisela Preuschoff

Mit Kindern achtsam durch das Jahr

Lauschen, spüren, schauen, staunen

Herder

Freiburg · Basel · Wien

Gedruckt auf umweltfreundlichem,
chlorfrei gebleichtem Papier

Alle Rechte vorbehalten – Printed in Germany
© Verlag Herder Freiburg im Breisgau 1998
Herstellung: Freiburger Graphische Betriebe 1998
ISBN 3-451-26353-X

Inhalt

Solange die Erde besteht,
Sollen nicht aufhören
Saat und Ernte,
Frost und Hitze,
Sommer und Winter,
Tag und Nacht.

1 Mose 8, 22

Liebe Eltern!

Die Zeit vergeht – aber wie sie vergeht, können wir beeinflussen. Achtsamkeit bedeutet für mich, gewahr werden, was jetzt, in diesem Augenblick ist. Ich möchte offen wahrnehmen, was mich umgibt und um mich herum geschieht.

Im Alltag passiert es uns immer wieder, daß wir in einen Trott verfallen, daß alles automatisch abläuft und wir gar nicht mehr zum Besinnen kommen. Wir fühlen uns dann wie ein Hamster im Laufrad seines Käfigs – und entsprechend gar nicht wohl.

Wenn wir innehalten und für einen Moment wahrnehmen, was gerade abläuft, können wir uns vielleicht ein Lächeln schenken, uns gut zureden und zu uns kommen.

Später können wir dann bemerken, daß durch diese uns selbst geschenkte Achtsamkeit vieles leichter wird, Probleme sich lösen und Belastungen davonschweben.

In diesem Buch möchte ich Sie durch ein Jahr begleiten und Ihnen Anregungen geben, gemeinsam mit Ihren Kindern Achtsamkeit zu üben. Dabei möchte ich Sie vor allem in die Natur führen, denn ich glaube, nirgendwo sonst können wir uns so geborgen, aufgehoben und eins mit allem fühlen. Es gibt für mich keine bessere Schule und keine größere Universität als das Werden, Wachsen und Vergehen im Kreislauf eines Jahres, und ich möchte Sie einladen, an diesem uns völlig umsonst gebotenen Lehrstück oder besser: diesen alltäglichen Wundern teilzuhaben. Rousseau soll gesagt haben, daß es drei große Lehrer für uns Menschen gibt: die Dinge, die Natur und die Menschen. Die Menschen sind die geringsten unter den dreien.

Der Kreislauf eines Jahres kann mit dem Atem verglichen werden, es ist wie Einatmen und Ausatmen. Der 21. Dezember ist der dunkelste Tag im Jahr. Danach werden die Tage wieder länger. Diese Zeit, in der alles zu wachsen beginnt, möchte ich mit dem Einatmen vergleichen.

Der 21. Juni ist der längste Tag im Jahr. Danach werden die Tage kürzer, die Dunkelheit nimmt allmählich zu, und die Vegetation beginnt, sich in die Erde zurückzuziehen, bis sie am dunkelsten Punkt ruht. Diese Phase gleicht dem Ausatmen.

Vielleicht noch sinnfälliger ist das Bild vom Jahreskreis. Wie ein großes Mühlrad dreht sich das Jahr von Anfang bis Ende, es ist ein ewiger Kreislauf, ein Mandala. Die Feste und Farben der jeweiligen Monate machen die Muster, Formen und Farben des Mandalas aus, die wiederum im Zusammenhang mit der kosmischen Ordnung stehen.

Eingebettet in diesen Rhythmus nehmen wir Menschen teil, können jeden Morgen und jeden Abend bewußt erleben, beobachten, und sind doch selber Teil des Ganzen, erfahren Licht und Schatten, Helles und Dunkles so deutlich in unserem eigenen alltäglichen Leben.

Genauso wie der Atem kommt und geht, ganz von allein, läßt sich weder Tag noch Nacht aufhalten, ist alles stets dem Wandel unterworfen, und nichts können wir festhalten.

Wenn wir diesen Prozeß des ewigen Wandels wirklich verstehen lernen, wird das Leben leichter.

Wenn wir uns darin üben, im Augenblick das Wunder zu entdecken, können wir glücklich sein.

Unsere Kinder können dabei unsere Lehrmeister sein. Gerade die kleinen Kinder leben ganz aus dem Augenblick heraus, kennen keine Vergangenheit und keine Zukunft. Die Pfütze nach dem Regenguß ist für sie eine wahre Freude, und die Ameise, die zwischen den Steinplatten hervorkommt, eine Sensation. Sie kennen keine Zeit und genießen das, was sie gerade im Augenblick entdeckt haben, aus vollem Herzen.

Unsere Kinder können uns helfen, jenen unschuldigen Blick, jene Unbefangenheit wenigstens zeitweise wiederzuerlangen, die uns selber auch zu eigen waren, als wir Kinder waren.

Indem wir uns unserer großen Mutter Erde wieder zuwenden, können wir wie die Kinder neu sehen lernen.

In diesem Buch kann ich nur eine kleine Auswahl solcher Entdeckungen anführen. Es handelt sich dabei um Beobachtungen, die man überall in der Natur machen kann, auch in der Großstadt.

Dabei hoffe ich, daß Sie, falls Sie in der Stadt leben, wenigstens ab und zu hinausfahren können, um größere Zusammenhänge und von Menschen noch weniger berührte Gebiete kennenzulernen.

Natürlich, da fällt mir gleich die Umweltzerstörung ein. Es gibt gar keine unberührten Gebiete mehr, und man könnte jetzt leicht in Trauer verfallen.

Das würde uns allerdings in keiner Weise weiterhelfen, sondern nur lähmen und an die Vergangenheit fesseln. „Was haben die Menschen nur angerichtet!" Es würde uns auch an eine Zukunft binden, die gar keine Zukunft mehr ist und uns in „no future-"Resignation verfallen lassen. Vorhersagen einer katastrophalen Zukunft haben uns und besonders auch unseren Kindern angst genug gemacht. Man stelle sich vor: Über 70 Prozent der Kinder und Jugendlichen sind sicher, daß Wirtschaft und technische Entwicklung die Natur unwiederbringlich zerstören werden. Damit dürfen wir sie nicht allein lassen. Jetzt kommt es darauf an, Vertrauen zu lernen und jeder an seinem Ort, jetzt und hier, achtsam zu sein für das, was ist, für das, was ich tue, was ich beobachte und wahrnehme. Zum Beispiel Löwenzahn, der durch das Pflaster wächst, Amseln, die auf Hochhausdächern singen und Bauern, die kein Gift mehr verwenden und darauf warten, daß wir ihre Arbeit und die von ihnen erzeugten Nahrungsmittel wertschätzen. Man stelle sich vor: Wenn jeder pro Woche nur zehn DM für Lebensmittel aus kontrolliert biologischem Anbau ausgeben würde, könnte die Fläche, die ökologisch, d. h. ohne Gift bewirtschaftet wird, von derzeit 2 Prozent auf 10 Prozent erhöht werden.

Ich möchte nichts beschönigen.

Die Welt ist voller Leid. Katzen fressen Vögel, Autos vergiften die Luft und zerstören die Landschaft, nicht mehr aus der Welt zu schaffende Schadstoffe verpesten den ganzen Planeten, und es gibt genug Waffen, um die Welt gleich mehrfach zu zerstören.

Kinder leiden körperlich wie keine andere Bevölkerungsgruppe an der Zerstörung der Natur. Sie erkranken an Allergien, haben Erschöpfungszustände, Atemnot und Leukämie. Ihr seelisches Leid kann an Ängsten, Süchten und Verhaltensauffälligkeiten gemessen werden. Sie agieren die allseitige Bedrohung körperlich und seelisch aus. In einem Gespräch berichtete mir der Vater eines als aggressiv und verhaltensgestört geltenden Jungen, wie friedlich die Ferien mit ihm auf einem Bauernhof mit vielen Tieren zum Anfassen verlaufen wären. „Ja, unter solchen Bedingungen ist der Junge gut zu haben. Aber das können wir ihm nicht bieten." Ist es nicht verrückt, daß wir die Welt so eingerichtet haben, daß Kindern das, was sie brauchen, fehlt?

Vieles von dem, was wir als Elterngeneration noch kannten, ist tatsächlich unwiederbringlich verlorengegangen. Wir können das Leid nicht aus der Welt schaffen, und wir tragen jeder die Verantwortung für unser Tun. Aber wir müssen uns nicht an das Leid klammern. Und, auch das ist meine Überzeugung, wir müssen der Hoffnung eine Chance geben und heute im Alltag darauf hinwirken, daß es eine Zukunft gibt, die uns der Gott des Alten Testamentes damals beim Regenbogen versprochen hat: Solange die Erde steht, soll nicht aufhören Saat und Ernte, Sommer und Winter, Tag und Nacht.

Schauen wir uns den Löwenzahn an, die Lieblingsblume der Kinder. Er gibt nicht auf. Er läßt sich nicht besiegen. Er wächst einfach. Mit seiner tiefen Wurzel ist er fest in der Erde verankert. Er ist. Und er vergeht, um wiederzukommen.

Ist es mit uns Menschen nicht genauso?

Ich bin. Ich vergehe. Ich kehre wieder.

Jede Geburt trägt den Tod schon in sich, jeder Frühling den Herbst und jeder Winter den neuen Frühling.

So ist es mein Anliegen, Sie zu ermutigen, heute diesem Prozeß bewußt beizuwohnen, etwas von der Liebe zu spüren, die darin zum Ausdruck kommt und diese wiederum in ihren Alltag mit Kindern einzubringen. Jeder an seinem Ort.

Robert Jungk, der bekannte Zukunftsforscher, glaubt, daß aus dreierlei Gründen eine bessere Zukunft möglich sein wird: erstens, weil immer mehr Menschen umdenken, zweitens, weil es immer unvorhersehbare Veränderungen gegeben hat und drittens, weil die Menschen viel Phantasie haben.

Kinder finden in ihrem Alltag heute fast alles fertig vor. Das ist einerseits sehr bequem, andererseits macht es unsicher und unselbständig, es läßt unsere Sinne verkümmern und uns abstumpfen. Es verhindert Phantasie, unsere stärkste Kraft. Viele Menschen würden heutzutage in der Natur verhungern, auch wenn es um sie herum viel Eßbares gäbe: sie kennen es nicht. Der neuste Hit in Managerschulungen ist Überlebenstraining in der Wildnis. Das fördert Selbstbewußtsein und Kreativität. Sind das nicht auch Fähigkeiten, die unsere Kinder dringend brauchen? Ich habe daher in jedem Kapitel Dinge angeführt, die man mit Kindern selber machen kann. Natürlich ist es finanziell nicht lohnend, Marmelade selbst zu kochen oder einen Drachen selber zu bauen. Wir bekommen alles in Geschäften und sparen so viel Zeit. Wenn wir unseren Kindern aber wenigstens einmal zeigen, wie diese Dinge gemacht werden, wie sie selber etwas herstellen können, werden sie selbstsicher, stolz und einfallsreich. Der Satz: Das hab' ich selbst gemacht! vermittelt jedem Kind ein ungeheures Glücksgefühl. Ohne diese kreativen, schöpferischen Kräfte wird unsere Welt ganz sicher nicht überleben.

Bei Ihren alltäglichen Entdeckungen wünsche ich Ihnen viel Freude, so daß Sie später auf die vergangene Zeit zurückschauen können und schöne Erinnerungen wie Perlen aufreihen.

Wie Sie dieses Buch benutzen können

Ich habe die Abschnitte in diesem Buch nach Jahreszeiten und Monaten geordnet. Dabei beginne ich mit der dunkelsten Zeit. Nach einer Betrachtung über die Jahreszeit und Hinweisen zur Beobachtung des Sternenhimmels in diesem Jahresabschnitt finden Sie die drei dazugehörigen Monate mit jeweils wiederkehrenden Überschriften vor. Zuerst erfolgt eine Einstimmung in den Monat. Dann kommen Beobachtungen, Erlebnisse und Tätigkeiten, die Anregungen zur Naturbeobachtung, besondere Aktionen, Spiele, Bastelvorschläge, Rätsel, Rituale und Rezepte enthalten. Ein Abschnitt ist jeweils der Beobachtung von Tierspuren gewidmet.

Weil die Jahreszeiten von den klimatischen Bedingungen her in Deutschland um bis zu sechs Wochen variieren – im Süden kommt der Frühling viel eher als bei uns im Norden –, empfiehlt es sich, zuerst den ganzen Abschnitt über die Jahreszeit zu lesen und sich dann auf die einzelnen Monate einzulassen. Es gibt ja immer auch besonders harte Winter oder milde, so daß sie manchmal schon im Januar Schneeglöckchen finden und in einem anderen Jahr erst im März.

Das Buch ist als Anregung für Eltern, Erzieherinnen und Lehrerinnen gedacht. Bestimmte Naturphänomene habe ich so erklärt, daß es die Erwachsenen verstehen. Wieviel man davon einem Dreijährigen vermittelt, entscheiden Sie selbst am besten. Manche Sechsjährigen glauben noch gern an den Osterhasen, und andere wollen schon naturwissenschaftliche Experimente. Für mich gibt es dabei kein Richtig und Falsch, sondern die Orientierung am Kind und seinen Bedürfnissen. Achtsame Beobachtung ihrer Entwicklung ist für mich immer der Ausgangspunkt. Wenn Kinder in naturnaher Umgebung aufwachsen dürfen, sind sie ihr viel näher und verbundener als wir Erwachsenen. Intuitiv tun sie das, was jetzt im Augenblick wichtig ist, und sie stellen uns kritische Fragen, die uns zum Nachdenken anregen und oft auch unsere Ohnmacht spüren lassen, wenn sie zum Beispiel radikale Wünsche wie die nach einer autofreien Welt äußern. Andere Kinder, die selten oder nie Naturerfahrungen sammeln durften, wie z. B. daß Bäume einen trösten können oder wie herrlich es ist, auf einer Wiese zu liegen, brauchen Anregungen und Erfahrungsspielräume, wie sie in Waldkindergärten, in Schulen und Kindergärten mit ökologischem Schwerpunkt und anderen Projekten vermittelt werden. Solche Initiativen müssen unbedingt wachsen! Ich hoffe, daß manche Eltern durch dieses Buch auch ermutigt werden und stehe allen gern bei besonderen Fragen zur Verfügung. Ich möchte alle Leserinnen und Leser ermuntern, die Natur mit Kindern zu entdecken und dabei an Ihrem Ort die Besonderheit eines jeden Monats zu spüren. So können Kinder und Erwachsene gewahr werden, in welch wunderbaren Kreislauf unser Leben eingebettet ist und wie stark höhere Ordnungsprinzipien uns bestimmen und helfen, unser Leben in Einklang zu bringen.

WINTER

Der Rückzug der Natur ist jetzt abgeschlossen. Alle Lebewesen mußten sich auf ihre Art vorbereiten und auf ihre eigenen Kräfte besinnen, um im Kampf gegen das lebensbedrohliche Klima nicht zu verlieren. Pflanzen konzentrieren ihre Lebenssäfte jetzt auf die Wurzeln, Tiere haben sich eine Speckschicht angefressen, schlafen oder sind schon längst in den Süden gezogen. Jetzt ruht die Natur in ihren eigenen Wurzeln und ernährt sich überwiegend aus sich selbst heraus.

Unter Schnee und Eis hat sich die Erde zur Ruhe gelegt und sammelt Kräfte. Im Verborgenen wird hier neues Leben vorbereitet. Der Schnee reflektiert das Sonnenlicht und schützt vor vorzeitiger Erwärmung der Erde. Gleichzeitig ist er optimaler Kälteschutz, weil er Wärmeabstrahlung verhindert und damit die Unterkühlung der Erde. So ist auch zu erklären, daß die Tage zwar ab 21. Dezember wieder länger werden, die Temperaturen jedoch weiter sinken. Wir haben es jetzt nicht mehr mit kosmischer Kälte zu tun, die durch mangelnde Sonneneinstrahlung bedingt ist, sondern mit irdischer Kälte.

Verborgen heißt im Winter auch geborgen.

Ruhe und Entspannung, Passivität und Hingabe an die tieferen Gesetze der Natur sind die Kräfte, die jetzt im Vordergrund stehen.

Wenn wir uns im Leben mit Kindern darauf einstellen, und uns im Winter viel Zeit für Ruhe, Gemütlichkeit, Entspannung und Besinnung gönnen, können wir die Besonderheit dieser Jahreszeit genießen und werden auch nicht allzuviel krank.

Als Element habe ich dem Winter das Feuer zugeordnet. Es ist das einzige, das die Menschen sich selbst geschaffen haben. Funde beweisen, daß es Feuer seit 1,3 Millionen Jahren bei den Menschen gibt. Es ist eine kulturelle Errungenschaft, und es gibt Mythen, in denen die Götter die Menschen um das Feuer beneiden. Als einziges Lebewesen lernte der Mensch das Feuer zu zähmen, und ohne das Feuer könnten wir in unseren Breitengraden nicht überleben. Feuer ist segensreich –, aber auch gefährlich. Seine zerstörerische Kraft hielt Raubtiere von Menschen fern, zerstört aber bis heute oft die eigene

Wohnung. Feuer transformiert, verwandelt Brennbares in Rauch und Asche. So ist es auch ein Sinnbild für das Überleben des Geistes aus dem Körper, der irgendwann einmal zerstört wird. Der Rauch steigt immer zum Himmel.

Unser elektrisches Licht kann Feuer in keiner Weise ersetzen. Wir brauchen die Wärme einer Kerze, und für Kinder gibt es kaum ein größeres Vergnügen als ein Feuer im Freien. Sehr wichtig ist, daß wir unsere Kinder sehr früh anleiten, mit Feuer richtig umzugehen und sich unter Aufsicht darin zu üben. Feuer ist ein Kulturgut, und der richtige Umgang damit so wichtig wie Lesen und Schreiben.

Im Winter sehen wir die Sterne besonders deutlich.

Rätsel

Ich bin die größte Straße
zwischen Himmel und Erde.
Kein Mensch ist hier gegangen,
kein Wagen je gefahren.
Und doch herrscht hier zwischen
Erde und Himmel
ein großes Gewimmel.

(Milchstraße)

Sternenwagen – Sternenlicht – der Himmel im Winter

Das Betrachten des Sternenhimmels ist so alt wie die Menschheit selbst, und heute zeigt sich der Himmel noch genauso wie vor 5000 Jahren. Auch wenn gelegentlich neue Sterne entdeckt werden und andere verlöschen, können wir heute noch immer die Konstellationen betrachten, die schon unsere Vorfahren kannten und um die sich viele wunderschöne Geschichten ranken.

Im Altertum war der Sternenkult fast auf der ganzen Erde verbreitet. Fast überall auf der Welt galt die Milchstraße als der Weg, den die Toten gehen, um in ihre wahre Heimat zurückzukehren.

Seit der Frühzeit der Menschheit waren die Sterne Wegweiser und Richtungszeiger. Durch sie versuchte man, den Willen der Götter zu ergründen und günstige Termine für Aussaat und Ernte herauszufinden.

Als Kopernikus entdeckte, daß die Erde sich um die Sonne dreht und Galilei durch sein Fernrohr keine Engel, sondern die Krater und Berge des Mondes sah, begann das Zeitalter der Vernunft und Astronomie. Zwei Jahrhunderte lang blieb es still um die Astrologie, bis sie Ende des 19. Jahrhunderts zu neuer Blüte gelangte. Heute erscheint uns der Sternenhimmel gerade auch wegen den Erkenntnissen der Wissenschaft als Wunder, dessen Beziehung zu unserem irdischen Leben viele Menschen spüren.

Sorgfältig erstellte Horoskope bringen Erkenntnissse zutage, die zum Staunen anregen und neuerdings auch wissenschaftlichen Untersuchungen standhalten. Mondkalender sind in vielen Haushalten zu finden, und Gärtner wissen, daß Gemüse in bestimmten Mondphasen tatsächlich besser wächst.

Der nächtliche Blick ins Weltenall vermittelt uns ein Gefühl von Demut und Geborgenheit und wird für Kinder zu einem unvergeßlichen Erlebnis.

Im folgenden gebe ich zwar Hinweise auf Sternbilder, meine aber, daß man sie nicht unbedingt finden muß. Man kann die Sterne auch bestaunen, ohne ihre Namen zu kennen oder ihnen eigene Namen geben, wie dies Lasse aus Bullerbü tat. Astrid Lindgren schreibt:

„Manchmal blinken die Sterne am Himmel, wenn wir von der Schule nach Hause gehen. Lasse sagt, es wären 2 500 000 und 54 Sterne am Himmel, und er sagt, er kenne den Namen eines jeden Sterns. Aber ich glaube, das sagt er nur so, denn einmal fragte ich ihn nach dem Namen eines Sterns, und da sagte er, er hieße Großfeinstern. Am nächsten Tag, als wir von der Schule nach Hause gingen, fragte ich ihn nach demselben Stern. Und da sagte er, er hieße Königskrone. „Aber gestern hast du doch gesagt, er hieße Großfeinstern", sagte ich. Da sagte Lasse: „Nein, das war nicht dieser Stern. Der Großfeinstern ist heute nacht heruntergefallen. Dieser da heißt Königskrone. Darauf kannst du dich verlassen."

Bestimmte Sternenbilder sind in unseren Breiten das ganze Jahr über sichtbar. Am leichtesten zu erkennen ist der Große Wagen, der auch Große Bärin (ursa major) oder Pflug genannt wird. Im Winter steht der Große Wagen im Nordosten. Die Milchstraße überspannt den Himmel vom Nordwesten nach Südosten. Das große Quadrat des Pegasus steht im Westen, das W-förmige Bild der Cassiopeia sehr hoch im Nordwesten.

Das große Sternbild des Orion steht im Winter im Süden. An den drei auffällig großen Sternen, die fast im gleichen Abstand zueinander stehen und den Gürtel des Helden darstellen sollen, kann man ihn leicht erkennen. Tief über dem Horizont im Osten steht Regulus, der Hauptstern des Löwen Leo.

Der Große Wagen oder Ursa Major

Im alten Griechenland, in Indien und Nordamerika, wurde dieses Sternbild als Bärin gedeutet. Sie wurde von Zeus selber an den Himmel gesetzt.

Zeus liebte die Nymphe Kallisto, eine der Dienerinnen der Jagdgöttin Artemis.

Artemis sah diese Liebe nicht gern und wurde zornig, als Kallisto von Zeus schwanger wurde. Um sie zu retten, verwandelte Zeus sie in eine Bärin und setzte sie in die Nähe des Polarsterns.

Im alten England sah man in diesem Sternbild den Wagen des König Artus. *Arth* bedeutet Bär und *uthyr* herrlich.

Im prähistorischen Indien sah man das Sternbild als Pflug. Hier war es die von Ochsen gezogene Pflugschar, die ihr Erfinder, Bootes, rund um den Polarstern führt. Bootes, der den Pflug erfand, kennzeichnet den Übergang vom Nomadenleben zum seßhaften Bauerntum.

Dezember –
heilige Nächte, goldener Schein

Es kommt eine Zeit,
da wird es still.
Da gehen die Lichter auf,
da kommt ein Wind,
ruft nach dem Fährmann.

Der träumt den Traum
Vom goldenen Schiff.
Das Schiff hat eine
große Fahrt bei Nacht.

Es geht von Haus zu Haus.
Es fährt die Straße auf und ab.
Es kommt durch alle Länder.
Es kommt durch alle Stuben.

Da bleibt ein goldner Schein zurück.

Dieses Gedicht von Elisabeth Borchers drückt für mich viel von Dezemberstimmung aus.

Wer es schafft, sich der vorweihnachtlichen Hektik zu entziehen, kann diesen dunkelsten Monat als Geschenk erleben und den „goldenen Schein" erfahren. Mit der Vorfreude auf Weihnachten, die unsere Kinder ausstrahlen, den Adventssonntagen und vielen kleinen Ritualen dieser ganz besonderen Zeit, kann der Dezember zum Monat der Weisheit, der Philosophie und der inneren Klarheit werden.

Am vierten Dezember ist Barbaratag. Der Legende nach wurde die heilige Barbara gegen Ende des dritten Jahrhunderts als Tochter eines griechischen Kaufmanns, Dioskuros, geboren. Dieser entstammte einem fürstlichen Geschlecht und war Heide. Eines Tages mußte der Kaufmann zu einer weiten Reise aufbrechen. Aus Sorge, das seiner Tochter Barbara in seiner Abwesenheit etwas zustoßen könnte, ließ er sie zusammen mit einer Dienerin in einen Turm sperren. Diese Dienerin war Christin und erzählte Barbara von Jesus. So wurde das Mädchen zum christlichen Glauben bekehrt.

Als der Vater heimkehrte, merkte er, daß seine Tochter Christin geworden war und wollte sie umstimmen. Das Mädchen blieb jedoch bei ihrem Glauben, auch als der Vater sie mit dem Tod bedrohte. Nun ließ der Vater seine Tochter ins Gefängnis bringen. Auf dem Weg dorthin blieb Barbara an einem Kirschzweig hängen, brach ihn ab und stellte ihn in ihrer Gefängniszelle in den Wasserkrug. Dort erblühte er an dem Tag, als ihr Todesurteil gesprochen wurde.

Der Dezember ist vom Weihnachtsfest bestimmt, das jedoch viel älter ist als die christliche Religion. Der Name Weihnacht kommt von geweihten Nächten, an die viele uralte Bräuche geknüpft sind. Auch der Barbaratag hat seinen Ursprung wahrscheinlich in der Verehrung von Berchta oder Perchta, einer Muttergöttin, die für die Fruchtbarkeit sorgte. Das Ins-Haus-Holen der Zweige war demnach ein altes Orakel, denn wenn sie an den Festtagen blühen, ist dies ein Zeichen für ein gutes, fruchtbares Jahr.

Bei den Germanen und allen anderen Volksstämmen Mitteleuropas hatte die Wintersonnenwende – am 21. Dezember ist die Nacht am längsten, danach werden die Tage wieder länger – eine ganz besondere Bedeutung. In einer Zeit ohne elektrisches Licht, ohne Geschäfte und Tiefkühltruhen war man ganz auf die Wiederkehr der Sonne angewiesen. Alljährlich im Winter starben Kinder, Alte und Kranke, und wenn das Wetter besonders hart war, mußten viele hungern. Die letzten drei Donnerstage vor der Sonnenwende waren die sogenannten Klopfnächte. An diesen Tagen vermummten sich Mädchen und Jungen, gingen im Dorf umher und klopften an die Wände und warfen Bohnen, Linsen, Mais und Erbsen an die Fenster, um mit Lärmen und Singen die Mächte der Finsternis zu vertreiben und um Fruchtbarkeit für das kommende Jahr zu bitten. Nach dem 21. Dezember folgten zwölf geweihte Nächte, die erste, vom 21. auf den 22., hieß Mütternacht und war die Nacht der weiblichen Energien. Weil die Differenz zwischen einem Mondjahr und einem Sonnenjahr elf und einen viertel Tag beträgt, waren genau zwölf Nächte geweiht. In dieser Zeit, so dachten die Germanen, stehe die Zeit still, und deshalb mußten auch alle irdischen Räder – vor allem Spinnräder – still stehen. Die zwölf Nächte galten als Geschenk des Himmels, das nicht mit irdischer Arbeit entehrt werden durfte, sondern dem Feiern und Glücklichsein und der Verehrung der Götter vorbehalten war.

Das Weihnachtsfest war ursprünglich zugleich Toten- und Fruchtbarkeitsfest, denn im Bewußtsein der Menschen trafen in diesen Tagen Geburt und Tod zusammen und halfen, Einsicht in die tieferen Zusammenhänge des Universums, in den Kreislauf von Tod und Wiedergeburt, zu gewinnen. Weihnachten ist das Fest des Uranfangs allen Lebens, das mit dem wiederkehrenden Sonnenlicht in der Erde, in der Tiefe und Dunkelheit wirkt, auch wenn wir noch nichts davon bemerken können.

Friedrich Wilhelm Weber hat das in dem folgenden Gedicht vortrefflich ausgedrückt:

Es wächst viel Brot in der Winternacht,
weil unter dem Schnee frisch grünet die Saat;
erst wenn im Lenze die Sonne lacht,
spürst du, was Gutes der Winter tat. –
Und deucht die Welt dir öd und leer,
und sind die Tage dir rauh und schwer:
Sei still und hab des Wandels acht.
Es wächst viel Brot in der Winternacht.

Im Dezember kann die Trauer des November vergessen werden und innere Ruhe einkehren, indem man den Sinn des Lebens erkennt und die allumfassende göttliche Liebe ahnt.

Es ist daher sehr passend, den Geburtstag Jesu in den Dezember zu legen und am 24. ein Fest der Liebe, der Sanftmut und Barmherzigkeit zu feiern.

Für die Kinder fängt die Weihnachtsfreude mit dem 1. Dezember an, wenn es traditionsgemäß einen *Adventskalender* gibt. Für kleinere Kinder kann dieser eine Überraschung sein, größere können sich am Herstellen beteiligen und mitüberlegen, auf welche Weise man der ganzen Familie eine Freude machen kann. So können sich geschenkte Kleinigkeiten abwechseln mit Dingen, die man füreinander tut, mit Zeitschenken, Aufmerksamsein, Anerkennung aussprechen und dem Erfüllen nicht-materieller Wünsche. In Form von Briefen, Zetteln, Bildern und Urkunden kann so ein Kalender die Zeit vor Weihnachten mit ganz besonderen Überraschungen verschönern. Die „Verpackung" für diese Kleinigkeiten kann ganz verschieden aussehen. Der „Hit" bei meinen Kindern war ein einfacher Pappkarton, der mit der Öffnung nach unten aufgestellt wird und natürlich mit Plakatfarbe weihnachtlich bemalt wird. Auf der geschlossenen Oberseite werden jetzt die Zahlen von 1–24 verteilt und jeweils mit einem kleinen Loch versehen, das mit einer Stricknadel gebohrt wird. Die kleinen Aufmerksamkeiten werden an Bindfäden oder Goldfaden gebunden und in den Karton hineingehängt, so daß auf der Oberseite nur das Fadenende herausschaut. An dieses wird ein Gardinenring gebunden. Wenn nun am ersten Dezember ein Ring abgeschnitten wird, fällt im Karton ein Briefchen oder Päckchen nach unten, das dann durch Anheben des Kartons entdeckt wird.

Einfach und besonders geheimnisvoll ist auch die Gestaltung einer Stadt oder Burg aus leeren Pappschachteln und Klopapierrollen, von denen man im Haushalt ja sowieso immer zuviel hat. Sie werden auf einer Pappe als Untergrund aufgeklebt und zwar so, daß sich die Schachteln zum Füllen noch öffnen lassen. Anschließend werden sie wie Häuser oder Burg mit Plakatfarbe bemalt. Glitzersternchen, Federn, Fähnchen, Watte oder Märchenwolle, Kiefern- oder Tannenzapfen geben der Stadt ihren letzten geheimnisvollen Glanz oder Charakter. Wie aus Tausendundeiner Nacht wirken gold- oder silber- oder weißbemalte Türmchen aus Klopapierrollen, denen eine glitzernde Weihnachtskugel als Kuppeldach aufgesetzt wird. Zum Schluß muß jedes Haus natürlich eine Nummer bekommen.

Am 6. Dezember ist *Nikolaustag*, und es versteht sich von selbst, daß am Vorabend die Schuhe bestens geputzt werden müssen.

Der Legende nach wurde der heilige Nikolaus in Patara in Kleinasien geboren und entstammte einer wohlhabenden Familie. Er legte jedoch keinen Wert auf teure Kleider und Prunk, sondern lebte in Demut und Bescheidenheit.

Nachdem seine Eltern gestorben waren und ihm ein beträchtliches Erbe hinterlassen hatten, half er den armen Menschen wo er nur konnte. Seine besondere Liebe galt den Kindern, für die er immer etwas in den Manteltaschen hatte. Abends ging er verhüllt durch die Straßen und teilte so anonym seine Geschenke aus.

Einmal erfuhr Nikolaus, das seine Nachbarn in so große Not geraten waren, daß sie ihre Töchter nicht mehr ernähren konnten. Der barmherzige Nikolaus wollte der Familie helfen, ohne erkannt zu werden. So warf er für jedes Mädchen ein in ein Tuch gewickeltes Goldstück durch das offene Fenster ins Haus.

Als für die Stadt Myra ein neuer Bischof gesucht wurde, fiel die Wahl auf Nikolaus. Er versah sein Amt mit Würde und stand in hohem Ansehen. In seinem Bemühen um Gerechtigkeit und Brüderlichkeit war er allen ein Vorbild. Viele reisten von weit her herbei, um seinen Rat zu hören.

Auf die *Adventssonntage* bin ich im November-Kapitel schon eingegangen. Erwähnen möchte ich noch, daß der Brauch, von Sonntag zu Sonntag eine weitere Kerze anzuzünden, als Sinnbild für etwas Werdendes gelten kann, das sich dann an Heiligabend mit den vielen Lichtern des Weihnachtsbaumes ganz erfüllt. Eine schöne Sitte finde ich auch, jedem Kind jeden Adventssonntag heimlich einen goldenen Stern mehr über das Bett zu hängen, die versinnbildlichen, das Sternenlicht auf die Erde zu bringen.

Der Dezember hat ja sehr viel mit Sternen zu tun. Papier- und Glanzsterne aller Art schmücken Wohnungen und Fenster, der Stern von Bethlehem scheint über der Krippe, und am Winterhimmel können wir um diese Zeit ganz besonders viel *Sternschnuppen* beobachten. Weil es schon früh dunkel wird, kann man auch mit kleineren Kindern einmal am Abend hinaus vor die Stadt fahren, um in völliger Dunkelheit in die Sterne zu schauen. Während die Sonne im Dezember relativ selten zu sehen ist, können wir den *Dezember-Vollmond* länger als jeden anderen beobachten. Bei klarem Himmel scheint er uns 17 Stunden lang!

Gesagt werden muß auch, daß der Dezember oft zu einem *Familien-Krisen-Monat* wird. Allein schon die Frage, wer bei wem und mit wem feiert, führt häufig zu Konflikten, insbesondere in Familien, die sich neu zusammengesetzt haben (sogenannte Patchworkfamilien). Das hektische Einkaufen und Herbeischaffen von Geschenken verdirbt die vorweihnachtliche Stimmung genauso wie das Festmenue, für das meistens eine Frau allein unter Aufgebot ihrer ganzen Kräfte zuständig sein muß.

Ich finde, daß man das vermeiden kann, ohne die Tradition zu verletzen.

Gerade weil Weihnachten ein Familienfest ist, das Liebe und freudige Stille ausstrahlen will, sollte sich die Familie rechtzeitig zusammensetzen, um über die gemeinsame Gestaltung nachzudenken und Lösungen zu finden, die niemanden einseitig belasten und möglichst viele zufriedenstellen. Bei diesem *Familienrat* muß jeder eine Stimme haben, und der ausgehandelte Kompromiß ist erst dann perfekt, wenn alle Bedürfnisse berücksichtigt sind.

Generell kann wohl gesagt werden, daß wenige mit Liebe ausgewählte oder hergestellte Geschenke mehr Freude bereiten als viele hektisch zusammengeraffte und daß ein einfaches, und dennoch festliches Essen, an dessen Vorbereitung und Zubereitung alle mitwirken, die Situation entspannt.

Auch der Weihnachtsputz sollte Gegenstand einer Familienkonferenz sein und nicht automatisch denen überlassen bleiben, die das schon immer tun. Ein spezieller Adventskalender für den Mann kann vielleicht helfen, auf liebevolle Weise auf anstehende Arbeiten hinzuweisen und um Unterstützung zu bitten.

Schließlich ist Weihnachten auch das Fest der Wünsche, die sich übrigens gerade dann am ehesten erfüllen, wenn man Sternschnuppen erblickt.

Die Tage nach Weihnachten sind oft von besonderer Ruhe geprägt. Ich liebe diese Zeit besonders, in der wir Zeit füreinander haben, aber auch jeder für sich zu sich selbst finden kann. Die uralte Tradition, in diesen geweihten Nächten und Tagen die Räder ruhen zu lassen und wirklich nur das Allernotwendigste zu erledigen, finde ich sehr sinnvoll und stimmig. Sie sollte in Familien wiederbelebt werden.

Der Dezember endet mit dem *Jahreswechsel*, einem für ältere Kinder besonders aufregenden und freudigen Fest. Den Namen dafür gab Papst Silvester, der im Jahre 335 am 31. Dezember starb. Daß das neue Jahr am ersten Januar anfängt, wurde erst 1691 von Papst Innozenz XII. festgelegt.

Einmal bis Mitternacht aufbleiben zu dürfen, besondere Spiele zu spielen und mit den Erwachsenen ein Festmenu einzunehmen, zu orakeln und sich Glück zu wünschen, das alte

Jahr mit Gedanken und Erinnerungen zu verabschieden und das neue mit Freude, Licht oder Feuer und vielleicht auch ein wenig Knallerei zu begrüßen, ist für Kinder ein riesiges Vergnügen. Damit dieses Jahresabschieds-Ritual zu einem schönen Erlebnis wird, sollten sich wieder alle Beteiligten zusammensetzen und gemeinsam beratschlagen, wie genau der Abend gestaltet wird und wer welche Aufgaben übernimmt.

Von Tannenbäumen, Nüssen und Kohl

Im Dezember begegnen wir überall *Tannenbäumen*, die dann als Weihnachtsbäume in die Stuben gestellt werden. Was wir uns da ins Haus holen, sind aber oft gar keine Tannen (Abies alba), sondern Fichten (Picaceae abies). Man kann diese Bäume leicht unterscheiden, wenn man ihre Zapfen sieht. Bei Tannen stehen die Zapfen aufrecht, bei Fichten hängen sie. Weil Tannenbäume jedoch erst mit 30 Jahren blühen und fruchten, kann man an Weihnachtsbäumen keine Zapfen finden.

Die Rinde der Weißtanne ist weißlich grau, daher auch ihr Name. Tannenäste gehen gerade vom Baum ab, ihre Nadeln wachsen nach zwei Seiten. Sie sind auf der Oberseite glänzend grün, auf der Unterseite haben sie zwei bläulich-weiße Längsstreifen. Während die Tanne sich mit langen Pfahlwurzeln sehr gut im Boden verankert, hat die Fichte flaches Wurzelwerk und wird bei Sturm leicht herausgerissen. Dann kann man im Wald den gesamten Wurzelteller aufgerichtet finden.

Wenn man auf einen Fichtenstamm schlägt, gibt das einen schönen Klang. Nach ihm suchten Instrumentenbauer – darunter auch Stradivari – ihre Bäume heraus.

Tannen und Fichten wachsen in den kühlen Zonen der Erde bis hoch hinauf in die Berge, wo der Frühling erst spät beginnt. Sie können bis zu 700 Jahre alt werden. Nadelbäume sind älter als Laubbäume, Blumen und Schmetterlinge. Es gab sie schon zur Zeit der Dinosaurier, die an ihnen geknabbert haben. Weil sie von der Krone bis zur Wurzel mit duftendem Harz durchtränkt sind, kann diesen Bäumen der Frost nichts anhaben. Das ätherische Öl hilft dem Baum aber auch, sich vor Pilzen und Krankheiten zu schützen. Als Bernstein hat das Tannenharz viele Jahrtausende überdauert und kann von uns heute an der Ostsee gefunden werden. Bernsteinketten gibt man zahnenden Kindern um den Hals.

Krankheiten, die mit Kälte zu tun haben, können mit den ätherischen Tannenölen gelindert oder geheilt werden: Erkältungen und Rheuma. Das ätherische Öl, das sich in den Nadeln und im Holz findet und den weihnachtlichen Duft ins Zimmer bringt, hilft, die Atemwege zu befreien und fördert die Durchblutung. Das Hereinholen von Tannenzweigen ist ein uralter, nützlicher Brauch. Früher hießen die Zweige „Wintermaien". Er diente nicht nur der Gesundheit, sondern sollte versinnbildlichen, daß das Leben die dunkle, kalte Zeit überdauern wird. Der würzige Duft wirkt nicht nur auf den Körper, sondern auch auf die Seele. Das ätherische Öl der Weißtanne oder Riesentanne wirkt beruhigend, entspannend und stärkend.

Das im Dezember wiedergeborene Licht wird in der Krippe als strahlendes, wunderschönes Kind und Heiland treffend symbolisiert. Der alte Brauch, die Krippe unter dem Tannenbaum aufzustellen, erinnert an alte Schöpfungsmythen, in denen der Heiland oder Gott am Fuß eines Weltenbaumes geboren wird.

Dabei trat der Weihnachtsbaum, wie wir ihn heute kennen, erst im 20. Jahrhundert fast überall auf der Welt in Erscheinung. Obwohl Franz von Assisi schon im 12. Jahrhundert eine Krippe aufgestellt hat, begann man im Elsaß erst im 16. Jahrhundert, kleine Bäumchen mit in die Stube zu bringen. Die Kirche witterte hier zunächst heidnische Bräuche, konnte diese aber nicht aufhalten.

Nach dem „keltischen Baumkreis", einem besonderen Kalender und „Horoskop", gehören alle Nadelbäume in die Zeit der Wintersonnenwende. Die hochgiftige Eibe stellt als Totenbaum die Zeitspanne unmittelbar vor der Sonnenwende dar, die Tanne die Zeit nach der Sonnenwende, wenn tief im Schoß der Erde der Sonnengott wiedergeboren wird. In diesem Sinn wird die Tanne hier zum Baum der Geburt. Sie ist die große Mutter, aus der auch der Mensch hervorging. Im alemannischen Raum antwortete man Kindern auf die Frage, woher sie kämen: „Die Hebamme hat dich vom Tannenbaum geschüttelt." In vielen Legenden und Sagen ist von Frauen die Rede, die in alten knorrigen Tannen leben. Oft treten sie als weißgekleidete Frauen aus dem Stamm und segnen Kinder, einsame Hirten oder Wanderer. Unsere Vorfahren verehrten diese Bäume als heilig, in christlichen Zeiten wurden sie gefällt und zu Muttergottesstatuen geschnitzt, andere in Marientannen umgetauft.

Nüsse

Zum Weihnachtsfest bzw. zum Dezember gehören Nüsse. Während die Walnuß von Griechen und Römern aus Mittelasien zu uns gebracht wurde, gab es Haselnüsse schon vor 8000 Jahren bei uns. Damals war es wärmer und trockener als heute, und genau dieses Klima ist ideal für diesen Strauch, der damals ganz Deutschland begrünte. Über die Haselnuß gibt es unzählige Sagen und Märchen. Am bekanntesten ist bei uns Aschenputtel, die ihre schönen Kleider von einem Haselstrauch bekam, den sie selbst auf das Grab ihrer Mutter gepflanzt hatte. Wünschelruten werden traditionell aus Hasel-Astgabeln gefertigt, um damit Wasseradern aufzuspüren. Die eiweiß- und ölhaltigen Nüsse dieser Pflanze sind genau das, was uns in den kalten Dezembertagen guttut. Die Nüsse sind ein Symbol für Fruchtbarkeit und sexuelle Kraft. Bei den Kelten galt die Haselnuß als „Gefäß des Wissens". Der Strauch war der weißen Göttin geweiht.

Fast alle Keksrezepte für die Weihnachtszeit enthalten Nüsse und können uns an den Segen dieser Pflanze erinnern.

Kohl

Bis in den Vorfrühling hinein finden wir in Gärten Kohl. Dieses winterharte Gemüse half unseren Vorfahren, den langen Winter zu überleben. Sie wußten noch nichts von Vitaminen und kannten keine Zitrusfrüchte wie wir heute. Der einheimische Kohl jedoch liefert uns viel mehr Vitamin C als die Zitrone und gilt mit all seinen Brüdern und Schwestern (Rosenkohl, Blumenkohl, Broccoli, Rotkohl, Grünkohl, Weißkohl) als wirksame Vorbeugung gegen Krebs. Das haben Wissenschaftler bestätigt. Die Substanz Sulvoraphan konnte jetzt isoliert und auf seine Entgiftungswirkung hin untersucht werden. Aus gutem Grund gehört Kohl zum traditionellen Weihnachtsessen. Rotkohl gehört z.B. zu den weniger nitrathaltigen Gemüsen und ist äußerst reich an Mineralstoffen, Eisen und Vitaminen. Wie alle anderen Kohlsorten auch enthält er neben Vitamin C vor allem Beta-Karotin, B1, B2 und B3 sowie Folsäure (das Mittel gegen Winterdepression) und Chlorophyll. Er stärkt unser Immunsystem und ist deshalb genau das richtige Wintergemüse.

Rituale mit Licht

Spirale aus Licht

Ein Licht in der Finsternis zu entzünden ist ein schönes Erlebnis in der dunklen Zeit.

Für ein kleines Ritual benötigen Sie Teelichter, Streichhölzer, eine Kerze für jedes Kind, die unten mit Alufolie kelchartig umschlossen ist, damit das Wachs nicht auf die Finger tropft, und ein Lied, auf das Sie sich einigen.

Gehen Sie an einem windstillen, trockenen Tag an einen dunklen Ort draußen – einen Park, einen Hof oder einen Garten mit etwas Platz. Legen Sie dort mit Zweigen oder Tannenzapfen oder anderem Naturmaterial eine große begehbare Spirale auf den Erdboden und schmücken Sie diese mit Teelichtern. In die Mitte, den innersten Punkt, wird eine große Kerze gestellt.

Nun schreitet jedes Kind mit einer nichtangezündeten Kerze von außen nach innen und wieder zurück. An der großen Kerze im Innern wird die eigene Kerze angezündet. Dabei wird nicht gesprochen.

Wenn alle Kinder und Erwachsenen ihre Kerze angezündet haben, wird ein gemeinsames Lied gesungen.

Das ist auch ein schönes Abschiedsritual für einen Kindergeburtstag im Dezember.

Santa Lucia

Am 13. Dezember ist Lucia-Tag. Der Name kommt von Lux, was Licht und die Leuchtende heißt. Dieses kleine Fest ist ein Sinnbild dafür, daß auch in der dunkelsten Zeit das Licht der Göttin in die Welt getragen wird. In den skandinavischen Ländern wird die Lucia bis heute verehrt und der Lucia-Tag symbolisch begangen. Die Lucia ist ein weißgekleidetes Mädchen, das die Lichterkrone, einen Kranz mit Kerzen, auf dem Kopf trägt.

In dänischen Schulen dürfen alle Mädchen die Lucia sein. Sie tragen weiße Kleider und halten eine Kerze in der Hand. Das größte Mädchen geht vorweg und trägt den Lichterkranz, alle anderen folgen ihr in einer langen Schlange. Dabei wird gesungen.

Lichter für den Heiligen Abend

Für ein kleines Ritual am Heiligen Abend benötigt man für jedes Kind ein Licht, das in einem Marmeladen- oder Honigglas brennt. Diese Lichter kann man auch mit kleinen Kindern schon in der Vorweihnachtszeit herstellen, indem man die Gläser mit Tapetenkleister bestreicht und dann mit Seidenpapier beklebt. Hinein kommt ein Teelicht.

Am Heiligen Abend müssen die Kinder nun in ein Zimmer und dürfen nicht gucken. Die gesamte Wohnung wird völlig abgedunkelt und für jedes Kind sein brennendes Licht versteckt. Die Kinder suchen dann ihr Licht und tragen es vorsichtig in das dunkle Weihnachtszimmer. Mit ihrem Licht werden nun die Kerzen am Tannenbaum angezündet.

In diesem Glanz werden Weihnachtslieder gesungen.

Sterne

Was wäre Weihnachten ohne Sterne?

Faltsterne können schon kleinere Kinder herstellen. Dazu benötigt man Goldpapier oder weißes Schreibpapier als Quadrat. Dieses Quadrat wird diagnonal zu einem Dreieck gefaltet und dieses Dreieck wieder Ecke auf Ecke zu einem weiteren Dreieck verkleinert und noch einmal gefaltet. Sie haben jetzt ein Dreieck aus mehreren Lagen, das nach unten geöffnet ist. Die geschlossenen Seiten werden jetzt mit einer guten Schere eingeschnitten. Aus dem unteren Rand wird ein Dreieck herausgeschnitten.

Nun wird der Stern vorsichtig auseinandergefaltet und ins Fenster gehängt.

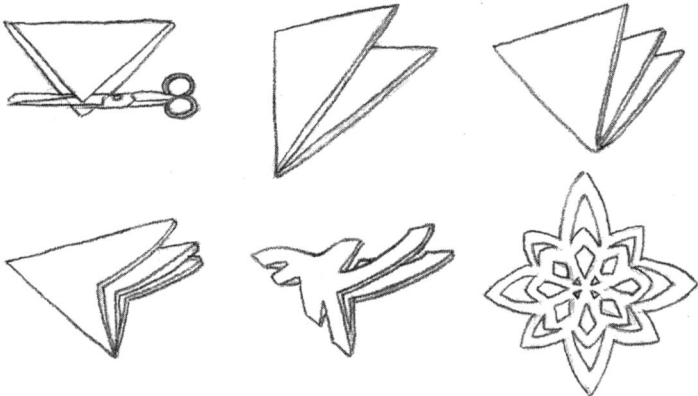

Für dreidimensionale Goldsterne benötigt man ebenfalls Goldpapier in quadratischer Form. Dieses Quadrat wird jetzt so zweimal gefaltet, daß es durch ein Kreuz geviertelt ist. Die entstandenen Linien werden jeweils zur Hälfte eingeschnitten. Damit vier Strahlen entstehen, werden die Außenkanten auf die Kreuzlinie geknickt. Damit der Stern plastisch wird, schiebt man einen Bleistift vorsichtig in jeden Strahl und erhält so einen Hohlraum. Zwei Sterne gleicher Größe können mit den offenen Seiten aneinander geklebt werden. So entsteht ein achteckiger, plastischer Goldstern.

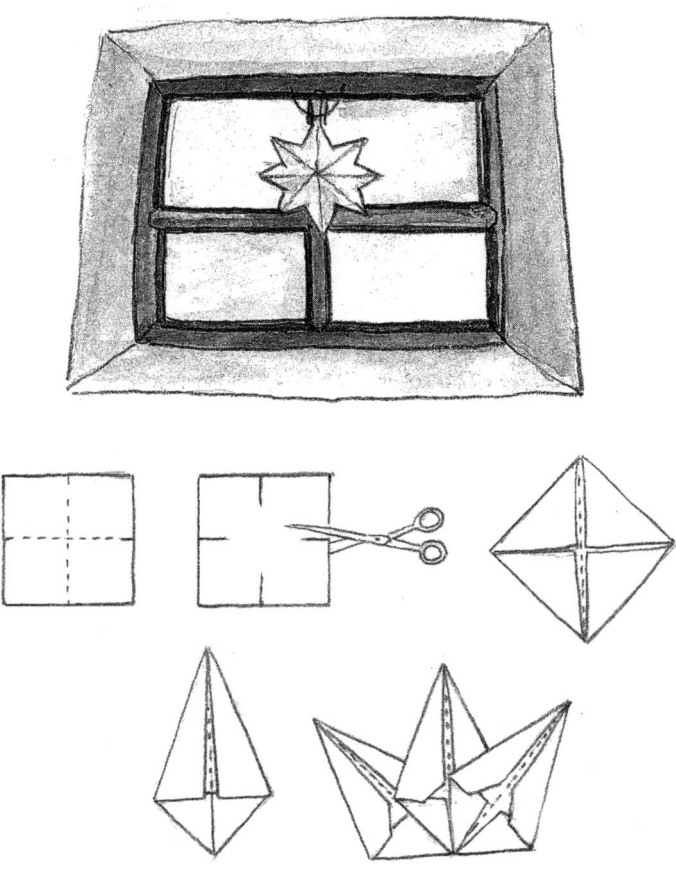

Spaß und Spiel zum Jahreswechsel

Glücksschwein für Silvester

Diese Schweinchen kann man verschenken oder selbst behalten:

Man benötigt pro Schwein
1 Zitrone
einen blanken Pfennig
vier Mandeln
2 Nelken

In eine Zitrone wird ein Bogen für den Schwanz und zwei Dreiecke für die Ohren so eingeschnitten, daß die Schale absteht. Die Nelken werden als Augen eingesetzt, die vier Mandeln als Füße, und der Glückspfennig wird dem Schwein ins Maul geschoben, das man mit einem Messer eingeschnitten hat.

Neujahrsorakel

Dieses Angelspiel macht Spaß und jeder kann mitmachen. Zunächst benötigt man festen Karton, auf den mit Buntstiften oder Aquarellfarben „Schicksalszeichen" gemalt werden. Zum Beispiel eine Sonne, ein Geldsack, ein Koffer, ein Schwein, ein Buch und was sonst noch so zu ihrer Familie und ihren Wünschen paßt. Diese Zeichen werden ausgeschnitten und mit einer Büroklammer aus Metall versehen. Jetzt brauchen Sie noch eine Angel, die aus einem Rundholz oder Stock, einer Schnur und einem angebundenen Magneten besteht.

Die Zeichen werden am Silvesterabend in einen hohen Topf geworfen. Jeder ist reihum dran, ein Zeichen herauszuangeln. Gemeinsam wird dann herumspekuliert, was das neue Jahr wohl bringen mag.

Bekannter und auch lustig ist Bleigießen. Nachdem das flüssige Metall in eine Wasserschüssel gegossen wurde, braucht man sehr viel Phantasie, um die Ereignisse des kommenden Jahres zu deuten.

Altes Verabschieden

Für ältere Kinder und Erwachsene ist ein Ritual, bei dem man etwas loswerden kann, was man nicht mehr haben möchte.

Hierzu entzünden Sie im Freien ein Feuer an einer geschützten Stelle – z. B. in einer Mulde, die mit Steinen umlegt ist. Im warmen Zimmer hat zuvor jeder für sich auf je einen Zettel aufgeschrieben, von welchen überholten Vorstellungen, Ängsten, Gewohnheiten oder sonstigen Belastungen er sich im kommenden Jahr befreien möchte. Schweigend tritt nun nacheinander jeder ans Feuer und wirft seine Zettel hinein. Danach gibt es einen heißen Fruchtpunsch, den man auf gutes Gelingen trinkt.

Tierspuren von Saatkrähe und Kaninchen

Die Saatkrähe

Diese schwarzen Rabenvögel suchen sich ihr Futter hauptsächlich zu Fuß. Sie gehen aber nur dort spazieren, wo der Bewuchs nicht höher ist als sie selbst. So findet man sie auch auf Schulhöfen oder Plätzen, vor allem aber auf Äckern auf der Suche nach Pflanzenteilen, Körnern, Kartoffeln, Insekten Käfern oder Mäusen. Zur Nahrungssuche fliegen sie nicht in Bäume, und deshalb finden wir ihre Spuren leicht in Schnee oder Matsch. Wie Hühner setzen sie einen Fuß vor den anderen, können aber gelegentlich auch hüpfen. Der Fußabdruck ist maximal 7 cm lang und 4 cm breit. Saatkrähen hinterlassen auch Gewölle mit Unverdaulichem. Diese Speiballen sind 3–4 cm lang und 1–2 cm dick, an einem Ende etwas spitzer. Sie enthalten Knochen, Steinchen, Samen und Pflanzenreste.

Kaninchen

Diese possierlichen Wildtiere wohnen auch in der Großstadt. Unterirdische Gänge schützen sie und ihre Jungen vor Füchsen und Raubvögeln. Weil Kaninchen wie auch Rehe immer wieder den gleichen Weg benutzen, kann man ihre Trampelpfade finden. Ihre Fußspur ist 3–4 cm lang und etwa 2 cm breit. Die Schrittweite kann im Sprung bis 1,50 m betragen. Wenn Kaninchen etwas abknabbern, hinterlassen sie eine glatte Schnittfläche – anders als Hirsche, die die Äste zerfranst hinterlassen. An Bäumen findet man ihre Zahnmarken deutlich in der Rinde. Die Losung findet man in Form von braunen „Pillen", die Haufenweise abgesetzt wird und auch zur Duftmarkierung speziell an den Rändern des Reviers dient.

Januar – dem Neuen begegnen und den eigenen Weg finden

Winter

Über den Bergrücken
läuft eine Gänsehaut.
Die Bergnase
schnupft den Rotz hoch.
Der Hügelfuß
zieht sich die Stiefel über.
Der Flußarm
schlüpft in die wollenen Ärmel.
Nur die Landzunge
kümmert sich nicht um die Kälte
und leckt das Eis vom gefrorenen See.

Hans Manz

Oft begrüßt uns das neue Jahr mit klirrendem Frost und strahlendem Sonnenschein. Aber auch wenn das Wetter warm oder feucht ist, hat der Januar etwas besonders Frisches, weil er das Neue und Unbekannte in sich trägt und die Chance zum Neuanfang besonders deutlich präsentiert. Welche Hoffnungen und Erwartungen habe ich für dieses Jahr? Den anderen Menschen in den ersten Tagen des Januar Glück und Segen zu wünschen, ist ein schöner Brauch.

Die Sternsinger, die in manchen Gegenden von Haus zu Haus ziehen, waren früher arme Menschen, deren Not sie veranlaßte, singend durch die Dörfer zu ziehen und auf Almosen zu hoffen. Heute kommt bei der jährlichen „Sternsinger-Aktion" der katholischen Kirche in Deutschland eine beträchtliche Summe zusammen, die hauptsächlich in Entwicklungsländern eingesetzt wird.

Seinen Namen hat der Januar übrigens von Janus, dem römischen Gott der Anfänge. Er wird doppelköpfig dargestellt und ist das künstlerische Abbild der Situation: Zum Jahreswechsel schauen wir gleichzeitig nach hinten in die Vergangenheit und nach vorn in die Zukunft. Unsere Vorfahren nannten den Monat Hartung, was auf die harte Kälte und Not hindeutet.

Bei den Germanen fand in der Nacht zum 2. Januar ein Umzug zu Ehren der Erdgöttin Frigg statt, das Berchtholdfest. Frigg wurde als weißgekleidete Frau dargestellt, und mit ihr zogen 12 häßliche und 12 schöne Perchten, die das alte und das neue Jahr symbolisieren sollten, lärmend durchs Dorf. Zwischen der Gruppe der häßlichen und der schönen Perchten fanden Wettkämpfe statt, die stets die Schönen gewannen, denn das Neue besiegt das Alte. In dieser Nacht wurden auch die Seelen der Verstorbenen bewirtet, indem man ihnen den Tisch deckte und das Essen über Nacht dort stehen ließ. Am nächsten Morgen ging die Hausfrau mit einer Räucherpfanne und einer Lebensrute durchs Haus, damit die Räume gereinigt und auf das neue Jahr vorbereitet wurden.

Die Sternsinger, die bis heute am 6. Januar vor Haustüren singen, ermahnen uns, die neuen Aufgaben anzunehmen und unsere Energien zu konzentrieren.

Am 6. Januar ist der Tag der Heiligen Drei Könige. Im Matthäus-Evangelium finden wir ihre Geschichte. Diese weisen und sternkundigen Männer wurden im Morgenland durch ihre astrologischen Kenntnisse auf einen besonderen Stern oder Kometen aufmerksam, der Zeichen für die Geburt eines außergewöhnlichen Kindes war. Es wurde ihnen geweissagt, daß sie dieses Kind im jüdischen Land finden würden und daß es sich um einen besonderen König handle. Beladen mit Reisegepäck und kostbaren Geschenken machten sich die Männer auf den Weg, um das Kind zu suchen. Der Stern führte sie. In Jerusalem angekommen, zogen sie zunächst zu Herodes' Palast, denn dort, so glaubten sie, müsse das Kind zu finden sein. Herodes hieß sie willkommen, war aber höchst beunruhigt, als er von dem Anlaß ihrer Reise hörte. Er bat die Männer, auf dem Rückweg wieder vorbeizukommen und ihm, der von einem göttlichen Kind nichts wußte, den Weg zu zeigen.

Wieder unterwegs, führte der Stern die Reisenden direkt nach Bethlehem, wo der Stern über dem Stall in hellem Licht erstrahlte. Ergriffen und gerührt verneigten sich die Könige vor Jesus Christus und übergaben ihm Gold, Weihrauch und Myrrhe, das wertvollste, was es zu damaliger Zeit gab. Im Traum erschien den Männern dann ein Engel, der sie ermahnte, nicht zu Herodes zurückzukehren, dessen Herrschsucht ihn zu Bösem veranlaßte.

Edzard Schaper hat in seiner „Legende vom vierten König" in sehr berührender Weise eine neue Königsgeschichte erzählt, die Geschichte einer Suche und einer „Folge dem Stern", bei der ein kleiner König durch Mitleid arm und elend, aber schließlich doch beschenkt wird. Größere Kinder werden von dieser Legende gebannt sein.

Phantasiereise

„Folge deinem Stern" kann als passendes Symbol für den Januar gelten. Jetzt können wir entscheiden, neue Wege zu gehen.

45

Wie können wir den Weg finden, den wir uns für unser Leben wünschen und der uns Erfüllung bringt? Die folgende Phantasiereise kann helfen, nach innen und in die Stille zu schauen um vielleicht schon jetzt unserem Stern zu begegnen.

Setze oder lege dich ganz bequem hin und schließe deine Augen.

Beginne früher oder später auf deinen Atem zu achten und mach es dir ganz bequem. Stell dir vor, du könntest mit jedem Ausatmen noch mehr loslassen ... alle Gedanken und Sorgen, alle Nöte ... spüre, wie die Erde dich trägt und wo der Körper vom Atem bewegt wird ...

Und nun stell dir vor, du befindest dich auf einer großen Reise ... Du folgst einem langen Pfad ... laß dich überraschen, wie dieser Pfad aussieht, ist er gerade oder kurvig, eben oder hügelig? Gibt es Bäume oder Büsche am Rand, wie sieht er aus? ... Was hörst du dort für Geräusche? Was riechst du? ... Was fühlst du? ... Gehe immer weiter ... plötzlich erkennst du einen hellen Stern, genau über dir. Es sieht aus, als würde er dir zublinken ... dein Stern ... er zeigt dir den Weg ... laß dich überraschen, wohin der Stern dich führt ... zu deiner Aufgaben, zu deinem Wunsch, zu deinem Ziel ... der Stern führt dich, du mußt ihm nur folgen ... Und nun schau dich um, am Ziel deiner Wünsche, hier, wo deine Aufgabe auf dich wartet ... betrachte alles, was du sehen kannst, höre alles, was du hören kannst, nimm alles wahr ... und dann bedanke dich bei deinem Stern für die Führung ... und komm in deinem eigenen Tempo mit deiner Aufmerksamkeit wieder hierher zurück in den Raum ... fang allmählich an, Hände und Füße zu bewegen und sei wieder hier, erfrischt und wach.

Manche Kinder oder Erwachsenen werden bei dieser Phantasiereise viel erleben, andere wenig oder gar nichts. Beides ist gut. Wer keine deutlichen Bilder bekam, wird auf anderem Weg erfahren, worin seine Begabungen und Aufgaben liegen.

Die Geschichte der Heiligen Drei Könige weist uns auch

auf die Bedeutung von Träumen hin, denen wir immer Beachtung schenken sollten.

Erfahrungen und kleine Wunder in Schnee und Eis

Wenn es im Januar schneit, können wir mit dunklen Jacken oder schwarzen Pappen nach draußen gehen und die *Schneekristalle* auffangen und bewundern. Mit einer Lupe geht das besonders gut. Ist es nicht unglaublich, daß kein Schneekristall dem anderen gleicht? Jeder ist einzigartig – genau wie wir Menschen.

Eis hat einige Eigenschaften, die es sonst nirgends auf der Welt gibt.

Daß Warmes aufsteigt und Kühles absinkt, ist allgemein bekannt. Man denke nur an die Luft. Beim Wasser ist es genau umgekehrt. Und das ist gut so, denn wenn die Seen von unten nach oben zufrieren würden, wäre alles Leben vernichtet. Wasser ist am schwersten bei einer Temperatur von 4 Grad. Zu Eis erstarrt, dehnt es sich aus und wird leichter. So bildet sich das Eis immer zuerst auf der Oberfläche eines Gewässers und ermöglicht unseren Kindern, das herrliche Knacken auf den Pfützen zu hören, wenn sie darüber stapfen.

Von einem Spaziergang kann man einige Zweige mitbringen und die Knospen untersuchen. Jeder Baum hat andere, typische Knospen. Die der Eschen sehen aus wie Rehhufe, die der Kastanien dick und glänzend braun, die der Birken klein und zart. Wenn wir die Zweige in die Vase stellen, können wir uns ein bißchen Frühling ins Haus holen.

Daß Schnee auch wärmen kann, zeigt folgendes Experiment. Wir stellen ein Glas Wasser in eine handgeformte Schneehöhle und dichten diese nach oben mit Schnee vorsichtig ab. Ein zweites Glas Wasser wird zum Vergleich ungeschützt auf den Schnee gestellt. Am nächsten Morgen wird das Glas im Iglu eisfrei sein, es sei denn, es gab extreme Kälte.

47

Das ungeschützte Glas kann der Nachtfrost gesprengt haben, denn Wasser dehnt sich beim Frieren aus. Unter einem halben Meter Schnee bleiben die Temperaturen selbst dann noch um den Gefrierpunkt, wenn die Luft minus 17 Grad kalt ist! Auch Hasen wissen das und verstecken sich in Schneehöhlen vor der Kälte. Wie die Eskimos, das Volk der Inuit.

Schneelaternen

Schneehöhlen sind aber auch ein wunderbarer Unterstand für Kerzen oder Teelichter. So vor Wind geschützt, leuchten sie in die Nacht. Ein Erlebnis, das man in keinem Winter versäumen sollte.

Vögel füttern

An kalten Tagen freuen sich die Vögel über Futter und wir Menschen über ihr bewegtes Treiben am Futterhaus. Wer keinen Balkon hat, kann Meisenknödel ans Fenster hängen oder ein Futterhäuschen am Fenstersims befestigen. Gefüttert werden sollte nur an Frosttagen und niemals mit Essensresten, sondern nur mit natürlichen Samen wie Getreide, Sonnenblumenkerne, getrocknete Beeren u.ä. (vgl. Monat August). Wenn man diese Samen in erwärmtes Kokosfett gibt und diese Mischung in einen leeren, sauberen Blumentopf füllt, in dessen Loch ein Ast gesteckt wird, hat man nach Erkalten eine Meisenglocke, die viele verschiedene Meisen anlocken wird. Mit einem Bestimmungsbuch können wir die kleinen Gäste bald identifizieren und beobachten, daß jeder Vogel am Futterplatz ein typisches Verhalten zeigt. Grünfinken z.B. bedrohen andere Vögel am Futterplatz und zerdrücken Sonnenblumenkerne mit dem Schnabel. Man sieht beide Schalenhälften herausfallen. Kohlmeisen tragen jeden Sonnenblumenkern einzeln davon und halten ihn mit den Füßen fest, um mit dem Schnabel ein Loch hineinzuhämmern. Amseln sind verrückt nach Rosinen und Beeren oder Äpfeln. Ein tiefschwarzes Männchen hat meist das Sagen, andere dürfen erst kommen, wenn es satt ist. Kleiber, die sich oft mit dem Kopf nach unten an den Stamm eines Baumes hängen, treten oft als Pärchen auf. Sie nehmen mehrere Kerne auf einmal in den Schnabel und verstecken diese dann in Baumritzen und Spalten oder unter Moos und Flechten.

Buchfinken lesen gern am Boden auf, was andere Vögel zurückgelassen haben. Sie sind ausgesprochen scheu. Sperlinge sind besonders lernfähig. Sie kommen erst, wenn sie sich ganz sicher fühlen. Sie schaffen es sogar, nach Meisenart an den Knödeln zu hängen, wenn sie ihr Futter nicht anders bekommen.

Sprossen und Keime

Im Winter ist die Auswahl an einheimischem Gemüse nicht so groß. Wer trotzdem gesunde Vitamine und etwas Frisches essen möchte, sollte mit seinen Kindern im Bioladen Samen kaufen, die sich zum Keimen in der Küche eignen. Außerdem macht es Spaß und Kinder lernen dabei. Alle Samen enthalten die Idee der Pflanze perfekt in sich selbst. Allein das ist ein Wunder. Wie kann aus so einem klitzekleinen braunen Körnchen Kresse heranwachsen? Einfach ausprobieren. In einen tiefen Teller geben Sie Watte und so viel Wasser, daß die Watte gut durchtränkt ist. Nun wird die Kresse daraufgestreut. Schon am übernächsten Tag kann man Einiges beobachten, und nach vier Tagen kann die erste Ernte stattfinden. Für ein Geburtstagskind kann man Kresse in Buchstabenform oder in Herzform aussäen.

Sehr wohlschmeckend und gesund sind auch Alfalfa-Keime. Hierzu läßt man die Samenkörner über Nacht in Wasser einweichen. Dann tut man sie in ein Glas, das oben mit Mull zugebunden wird. (Oder in ein Keimgerät, mit dem es aber auch nicht besser klappt.) Die Samen werden jetzt täglich zweimal mit Wasser gespült. Nach vier Tagen kann man sie auf Brot, in Suppe oder als Salat essen.

Sehr gut zum Keimen eignen sich auch Sonnenblumenkerne, Weizen und Linsen. Rettich- und Senfsamen sind für die meisten Kinder zu scharf.

Erkundungen mit Feuer

Wie wird Feuer überhaupt angemacht? Klar, heute haben wir Streichhölzer, die aus Pappelholz geschnitten und mit einer Kuppe aus feuerzündendem Material bestrichen werden. Mit Schwefelstreichhölzern, die es heute seltener gibt, kann man auch an Steinen oder Schuhsohlen Feuer machen. Ob Sie Ihren Kindern die sehr traurige Geschichte vom Mädchen mit den Schwefelhölzchen vorlesen wollen? Sie ist von Hans Christian Andersen und spielt auch am Neujahrstag.

Der Gasanzünder funktioniert nach dem Funkenprinzip. Indem ein Zündstein an Metall gerieben wird, entsteht ein Funke, der das Gas sofort entflammt. So funktioniert auch das Feuerzeug. Früher haben Menschen Feuersteine gesucht und durch Reibung Wärme erzeugt, z. B. mit einem Drehbohrer, an dem ein Feuerstein befestigt war. Leicht entzündliches Material hilft, das Feuer zu entfachen. Im Sommer kann man Feuer auch mit einer Lupe entzünden. Über Zeitungspapier gehalten und in der Sonne ausgeführt, bildet sich auf der Zeitung schon bald ein brauner, verbrannter Fleck. Das ist äußerst gefährlich, wenn man nicht Löschmaterial in unmittelbarer Nähe hat. Wie macht man ein Feuer überhaupt aus? Feuer braucht Luft – man kann es also regelrecht ersticken und muß bei Wind besonders vorsichtig sein. Zeigen Sie Ihren Kindern, wie man Feuer mit einer Decke, mit Sand oder durch Ausschlagen löscht und wo besondere Gefahren lauern. Nur wer weiß, wie gefährlich Feuer ist und wie schmerzhaft Brandwunden sind, wird auch achtsam damit umgehen. Brandwunden heilt man am besten, indem man die Wunde sofort mindestens zehn Minuten lang unter kaltes fließendes Wasser hält und anschließend pures ätherisches Lavendelöl daufträufelt.

Rätsel

Was ist stärker als Eisen und Stahl?
Das Feuer, es schmilzt sie allemal.

Sich selber Licht machen

Von den Weihhnachtstagen haben Sie sicherlich noch Kerzenreste im Haus. Diese werden in einem alten Topf oder einer Konservendose, in die sie mit der Zange einen Schnabel zum Ausgießen geformt haben, geschmolzen.

Für die Licht-Dochte benötigen sie Bindfäden. Diese werden an einem Ende angefaßt und mit dem anderen vorsichtig und mehrmals nacheinander in das heiße Wachs getaucht und auf einem Stein oder einer Papierschicht zum Abkühlen hingelegt. Die Dochte sollten etwa 5 cm lang sein.

Jetzt wird eine alte Auflaufform mit Sand gefüllt und fest geklopft. Mit einem Stein werden nun runde Vertiefungen in den Sand gedrückt und dorthinein das flüssige Wachs gegossen. Bevor das Wachs fest wird, gibt man in jede Kerze den Docht hinein. Wenn alles abgekühlt ist, was im Freien ja sehr schnell geht, kann man das Licht-Tablett anzünden oder die Kerzen einzeln herausnehmen und aufbewahren.

Mehr Geduld benötigt man für handgezogene Kerzen. Hierfür wird ein langer Bindfaden von ungefähr 30 cm immer wieder in flüssiges Wachs getaucht und herausgenommen. Erst wenn die Wachsschicht erkaltet ist, taucht man den Faden erneut ein. Dies ist eine wunderbare, sehr ruhige Beschäftigung, die geradezu meditativen Charakter hat.

Pampelmusenlichter

Schneiden Sie eine Pampelmuse quer durch und essen Sie sie mit dem Löffel aus. In die untere Schalenhälfte stellen Sie ein Teelicht. In die obere schneiden Sie verschiedene Muster ein, z. B. Dreiecke. Wenn Sie nun die obere Hälfte über die untere setzen und das Teelicht anzünden, haben Sie ein schönes Licht.

Feuer treibt an

Wenn Sie eine Weihnachtspyramide hatten, werden sich Ihre Kinder noch erinnern: Das Kerzenlicht setzt das obere Rad mit seiner Wärme in Bewegung. Sie können das auch mit einem Mobile demonstrieren. Die Bügel stellen Sie entweder aus Draht selber her oder besorgen sie in einem Bastelgeschäft. Wählen Sie nun verschiedene Gegenstände aus, die Sie aufhängen wollen. Wenn das neue Jahr gerade erst angefangen hat, können das z. B. Glückssymbole sein oder ihre symbolisch ausgedrückten Wünsche für das neue Jahr. Hängen Sie das Mobile dann so auf, daß Sie ein Teelicht in ca. 50 cm Abstand darunter stellen können. Wenn Sie es anzünden, setzt sich das Mobile nach kurzer Zeit von selbst in Bewegung.

Stockbrot

Wo immer ein Feuer brennt, kann man Stockbrot machen. Den Teig stellt man zweckmäßig vorher zu Hause her. Sie benötigen für sechs Stockbrote:

400 g Weizenmehl
1/2 Teelöffel Salz
2 Teelöffel Backpulver
50 g Butter
150 ml Milch

Die Zutaten werden gründlich miteinander verknetet. Den Teig wickelt man in ein feuchtes Handtuch oder eine Plastiktüte und nimmt ihn mit an die Feuerstelle. Dort formt jeder eine Kugel und dann aus der Kugel eine lange Schlange, die spiralförmig um das eine Ende eines frisch geschnittenen Astes gewickelt wird. Dieser Stock wird jetzt über die Glut gehalten und ständig gedreht, damit keine Seite anbrennt. Wenn es hellbraun ist, wird es mit Butter vom Stock gegessen. Hmm!

Tierspuren von Steinmarder und Buntspecht

Im Januar, besonders wenn Schnee liegt, lassen sich Tierspuren gewöhnlich sehr gut entdecken. Zu beobachten sind Tritt-

siegel, Kot- und Speiballen sowie Fraßspuren. Grenzlebens-
räume wie Bachufer, Seeufer, Hecken, Waldrand oder Mauer
sind dabei besonders geeignet, auf Spurenvielfalt abgesucht zu
werden. So findet man am Waldrand Fraßspuren von Hasen,
Kaninchen und Rehen, also abgenagte Äste. Auf dem Boden
findet man Reste von Früchten und Samen, die Vögel verzehrt
haben, auch Zapfen, die Eichhörnchen oder Mäuse angefressen haben. In den Bäumen kann man die Nester von Krähen
oder Bussarden finden.

Steinmarder

Der Steinmarder mag die menschliche Lebensweise und ist
daher in jedem Dorf und jeder Stadt zu Hause. Spuren findet
man in Schuppen, Scheunen, Lagerhallen, auf Dachböden, wo
er nachts auf ruhelose Jagd geht. Marder fressen alles, was lebt
und eine Größe zwischen Maus und Kaninchen hat. Die Fußspuren des Marders sind 3–4 cm lang und 3 cm breit. Als Jagd-
tier bewegt sich der Marder in der Regel im Sprung von ein-
bis eineinhalb Meter. Die Losung des Marders ist gewunden
und ähnelt einem kleinen Seil mit spitzem Ende. In der
grauschwarzen Masse befinden sich Haare, Knochen- und Fe-
derreste.

Buntspecht

Dieser Specht ist mit seinem schwarz-weißen Gefieder und
seinem auffällig roten Hinterleib häufig anzutreffen. Er baut
seine Höhlen in morsche Bäume und hämmert dazu ein
Schlupfloch von ca. 5 cm in den Baum. In Baumrinden findet
man seine ungefähr 2 mm langen Spuren, wenn er den Baum
mit dem Schnabel nach Insekten abgesucht hat und dabei die
Rinde aufmeißelt. Besonders interessant sind die sogenannten
„Spechtschmieden". Das sind Bäume, in deren Rinde der
Specht Zapfen oder Nüsse eingeklemmt hat, um sie besser
aufmeißeln zu können.

Februar –
zwischen Schnee und Frühlingshoffen

Rätsel

Weiß wie Kreide
Fein wie Flaum
Weich wie Seide
Leicht wie Schaum.

(Schnee)

Der Februar ist in der Regel der kälteste und schneereichste Monat im Jahr. Er hieß früher Hornung. Am 2. Februar wurden früher Knechte und Mägde entlassen, damit sie eine neue Stelle antreten konnten. Traditionell ist der Februar auch ein Monat der Reinigung. Am 2. Februar wird Mariä Lichtmeß begangen und an die Reinigung Marias im Tempel erinnert. Es ist auch das Fest des sich mehrenden Tageslichtes. Früher arbeiteten die Handwerker ab Mariä Lichtmeß nur noch bei Tageslicht, dem Spruch gemäß: „Maria bläst's Licht aus, Sankt Michael zündet's wieder an."

Zumindest für die Kinder bringt der Februar die Freuden der Faschingszeit mit sich, deren ursprüngliche Bedeutung die Vertreibung böser Mächte war. An der Schwelle vom Winter zum Frühling stand ein Fest, das die dunklen Kräfte vertreiben sollte, damit der erwachenden Natur kein Schaden zugefügt wird. Das Wort Fastnacht leitet sich etymologisch von faseln, fruchtbar sein, ab. Die Masken waren ursprünglich Schutz, um von den Dämonen der Dunkelheit nicht erkannt zu werden, wenn um Fruchtbarkeit gebetet wird.

Die Römer feierten am 15. Februar ein Fest zu Ehren des Fruchtbarkeitsgottes Faunus, der Personifikation des Zeugungstriebes. In Rom wurden zu seinen Ehren wilde Feste gefeiert.

Heute hat der Fasching eher die Funktion, die Alltagsrolle für wenige Tage aufzugeben und in die Wunschrolle zu schlüpfen.

Kinder, die im Alltag sehr viel Ohnmacht erleben müssen, können jetzt zu Heldinnen und Helden werden und sich in ihrer Rolle mächtig fühlen.

Im Februar kann alles mit Schnee und Eis bedeckt sein, es kann jedoch auch schon wärmere Tage geben und eine Vorahnung vom Frühling. In Südlagen und an geschützten Stellen wie Waldrändern und Hecken finden wir tatsächlich die ersten Blumen: Winterlinge, Schneeglöckchen und vielleicht schon Krokusse bohren sich durch die harte Erde. Wir können zunächst kleine Löcher bemerken, die durch die Wärmehülle entstehen, die diesen Frühblühern voraus geht. Der Februar ist oft auch bitterkalt. Jetzt, wo der Winter seinem Ende entgegensieht, ist er oft noch einmal besonders hart. Heftig einsetzendes Tauwetter schüttelt uns durch und macht viele krank. Der kürzeste Monat im Jahr ist oft schwierig, weil wir auf der Schwelle stehen, aber das Neue nur ahnen. Genau wie die Nacht, die kurz vor dem Tag am dunkelsten und kältesten ist, scheint auch dieser Monat kurz vor Frühlingsanfang besonders schwierig. Vertrauen auf das, was sicher kommt und Vorfreude können uns helfen, diese Wochen glücklich zu erleben.

Einen noch anderen Frühlingsfund machte der Dichter Owlglass an einem Februartag.

> *Beim Stöbern in der Gartenhecke*
> *bracht ich ein seltnes Wild zur Strecke:*
> *im Februar, denkt euch, eine Schnecke!*
>
> *Sie saß nicht etwa nur inwendig*
> *im Haus verkapselt, schein-lebendig.*
> *Sie bummelte höchst eigenhändig*
>
> *durchs welke Buchenlaub nach oben,*
> *die Hörner selbstbewußt erhoben,*
> *und schien den linden Tag zu loben.*
> *– Darf dieser Bauchfuß uns beschämen,*
> *die wir uns sorgen oder grämen? …*
> *Nein, laßt uns dran ein Beispiel nehmen!*
>
> *Heraus aus unsrem Wintergrabe!*
> *Hinein ins Tun, bergauf-bergabe –*
> *und möglichst nicht im Schneckentrabe!*

Unter dem Schnee Leben entdecken

Wenn der Schnee schmilzt, können wir uns auf die Suche nach ersten Frühlingsboten machen. Wenn wir im Wald das Laub beiseite schieben, finden wir manchmal schon grüne Spitzen und Keimlinge vor. Vorsichtig decken wir sie wieder zu. Das *Immergrün*, das den ganzen Winter über seine dunklen, glänzenden Blätter zeigte, trägt jetzt hellblaue, fünfzackige Sternblüten. Was für ein Hoffnungsschimmer! In fast allen Kulturen gab man geliebten Verstorbenen, insbesondere Kindern, einen Immergrünkranz mit auf den letzten Weg. Bei den Kelten war es eine wichtige Heilpflanze, die eigene Kräfte verstärken sollte. Auf Schutthalden und kargen Böden blüht – ganz ohne grüne Blätter –, bald der gelbe *Huflattich*. Diese Pflanze, die den schönen lateinischen Namen Tussilago hat, begleitet mich seit meiner Kindheit. Sie findet sich in jeder Stadt, an feuchten lehmigen Böschungen und Bahndämmen. Der Name Tussilago kommt von Tussis-Husten und agere, was in diesem Zusammenhang vertreiben heißt. Es handelt sich also um eine alte bekannte Heilpflanze, die gegen Husten hilft. Das gelbe Blütenköpfchen steht auf einem mit braunroten Schuppen besetzten behaarten Stengel. Die Blüte ist wie Gänseblümchen, Löwenzahn und Margerite eine Korbblüte, das heißt, sie setzt sich aus vielen schmalen Zungenblüten zusammen. Wenn man die Blüten pflückt – was ich wegen meiner Sehnsucht nach Gelb in dieser Jahreszeit nicht zustande bringe – und trocknet, erhält man gemeinsam mit den Huflattichblättern, die jedoch erst im Mai zum Vorschein kommen, einen wirksamen Tee gegen Husten.

In Gärten, unter Hecken und an Waldrändern können wir vielleicht schon das *Schneeglöckchen* finden.

Winterlinge, die sich in vielen Gärten finden, kommen zuerst mit ihren festen Stengeln aus der Erde. Das gelbe Blütenköpfchen folgt, fast wie eine Steißgeburt. Ein grüner Blätterkranz unter der Blüte hilft uns, die gelben Winterlinge von anderen gelben Frühlingsblumen zu unterscheiden.

Wenn noch gar nichts Blühendes zu finden ist, können wir zumindest *Flechten* beobachten. Diese Pflanzen, die sich an Baumstämmen und Mauerwerk finden, sind eine Mischung aus Pilzen und Algen. Jede Flechte ist ein Doppelorganismus

– ein einzelliges Pilzgeflecht und eine meist grüne Alge haben sich darin zu einer engen Lebensgemeinschaft zusammengetan, von der beide Partner ihren Nutzen haben. Die Algen stellen nämlich mit Hilfe des Sonnenlichtes und ihrer Fähigkeit zur Fotosynthese organische Stoffe zur Ernährung der Pilzfäden her, und diese bieten den Algenzellen Wohnraum, Schutz, Nährsalze und Wasser. Die Stoffwechselprodukte, die sogenannten Flechtenstoffe, lagern sich als oft farbenprächtige Kristalle auf den Pilzfäden ab und bilden eine widerstandsfähige, wasserabweisende Haut. Diese Betriebsgemeinschaft kann ausgefallene Biotope besiedeln, wo weder Pilz noch Alge für sich allein überleben könnten. So ist es z. B. auf einer Mauer im Winter bitterkalt, im Hochsommer geradezu bratpfannenheiß. Die Alge wird durch die Pilzfäden vor Wasserverlust geschützt und durch die Flechtenstoffe vor zu intensivem Sonnenlicht bewahrt. Der Pilz, der allein verhungern müßte, wird durch die Algenzellen miternährt. Selbst die Fortpflanzung geschieht im Team: Winzige Flechtenbruchstücke, die aus Algenzellen, umgeben von Pilzfäden bestehen, werden von Wind und Wasser weitergetrieben und wachsen anderswo weiter. Von der Arktis bis zur Wüste wachsen Flechten überall auf unserem Planeten, und sie können weit über tausend Jahre alt werden. Weltweit wurden 16 000 verschiedene Pilz-Algen-Teams gezählt.

Nur der Mensch kann der Flechte etwas anhaben. Luftschadstoffe wie Schwefeldioxid (SO_2), das jährlich in Millionen Tonnen in die Luft und über den Regen wieder auf die Erde gelangt, vertragen Flechten nicht. Wenn Sie also heute auf Ihrem Spaziergang eine Flechte entdecken, ist dies ein Zeichen für relativ saubere Luft. Dann haben Sie vielleicht Spaß daran, das Wachstum dieser Lebensgemeinschaft zu beobachten. Umranden Sie die Flechte auf einem Stück Folie oder Architektenpapier in ihrer Flächengröße und schreiben Sie ein Datum daran. Nach drei Monaten besuchen Sie die Flechte wieder und prüfen, ob sie gewachsen ist. Vielleicht mögen Sie Ihr Kind am gleichen Baum oder der gleichen Mauer ebenfalls messen.

Schnecken

Es ist sehr unwahrscheinlich, im Februar eine Schnecke zu finden. Aber leere Schneckenhäuser findet man schon, wenn kein Schnee liegt. Diese werden gesammelt und mit nach Hause genommen. Schon ganz kleine Kinder können damit Schneckenkörper formen, die in einer Schale mit Moos und Frühlingsblumen ganz allerliebst aussehen: Besorgen Sie sich bei einem Töpfer oder in einem Bastelgeschäft etwas Ton. Geben Sie jedem Kind eine kirschgroße Kugel, die es dann zu einer Schlange rollt. Diese Tonschlange wird nun so in das leere Schneckenhaus gedrückt, daß es wie ein echter Schneckenkörper aussieht. Nun werden zwei Fühler eingesetzt. Dazu benötigt man zwei kurze Enden feinen Draht. Das typische schwarze Auge erhält man, wenn man ein Drahtende erst in flüssigen Klebstoff, und wenn dieser getrocknet ist, in Plakatfarbe taucht.

Die Zaubernuß oder Hamamelis finden Sie vielleicht in einem Stadtpark. Ihre auffälligen gelben zarten Blüten sind wirklich zauberhaft. An einem anderen Busch duftet es sogar mitten im Winter: Der Winterjasmin blüht zart gelb.

Ist der Winter schier endlos, und will der Schnee gar nicht schmelzen, können Sie mit Lebensmittelfarbe dennoch etwas Buntes in den Schnee zaubern. Wenn Sie diese ungiftigen Farbstoffe mit Wasser verdünnen und in eine Blumensprühpumpe oder leere Deoflasche füllen, können Ihre Kinder riesige Bilder oder Muster in den Schnee sprühen. Ein schönes Erlebnis auch für einen Kindergeburtstag oder um einem Familienmitglied ein Kompliment oder eine Liebeserklärung in den Schnee zu schreiben.

Faschingsmasken lassen sich sehr einfach aus Papiertüten herstellen, die die Kinder über den Kopf stülpen und mit Augen und passendem Zubehör versehen.
  Besonders schön sind Masken aus Pappmaché, die allerdings nicht an einem Tag fertig werden. Hierzu stellt man aus

Tapetenkleister und zerrissenem Zeitungspapier eine Masse her, die sich leicht formen läßt und breiähnliche Konsistenz hat. Hieraus wird die Maske modelliert, die anschließend an der Luft mehrere Tage trocknen muß. Danach kann man sie mit farbigem Seidenpapier bekleben oder mit Tuschfarben bemalen. Mit einem Gummiband wird die Maske vor das Gesicht gebunden.

Bunte Tücher

Anstatt fertige Kostüme zu kaufen, sollten Kinder viele große und kleinere Tücher besitzen, mit denen sie selber Kostüme zusammenstellen. Bestimmte abgelegte Kleidungsstücke wie Krawatten, Jacketts, Kleider und Röcke haben wir immer in einer besonderen Kiste aufbewahrt. Dazu gehören Schminkfarben und natürlich ein Spiegel. Mit Gürteln, Hüten und selber hergestellten „Zutaten" wie Schwerter, Flügel, Schilde oder Kronen macht das Verkleiden zu jeder Jahreszeit Spaß und hilft den Kindern, sich in verschiedenen Rollen auszuprobieren.

Fastelavnsris

Aus Dänemark kommt der Brauch, zur Faschingszeit Zweige zu schneiden und diese mit bunten Frucht-Bonbons, selbstgemachten Papierschmetterlingen, kleinen Vögeln und Seidenpapierblüten zu schmücken. Wenn die Kinder die Zweige unter Anleitung selber schneiden dürfen, haben sie mehr Freude daran. Die bunten Zutaten werden mit dünnem Blumendraht an den Ästen befestigt. Jedes Kind bekommt mehrere solcher bunter Zweige, die der Sehnsucht nach Farben und Frühlingsboten entgegenkommen. In Wasser gestellt, treiben sie bald Blätter und Blüten aus, und manchmal bilden sich nach einer Weile sogar Wurzeln, so daß wir einen kleinen Strauch heranwachsen lassen können, wenn wir ihn an einem frostfreien Tag sehr vorsichtig in die Erde stecken.

Tierspuren von Fuchs und Kernbeißer

Fuchs

Neben dem Marder ist der Fuchs das häufigste wildlebende Raubtier bei uns. Im Schnee können wir seine Fußabdrücke leicht entdecken. Sie sind 3–4 cm breit und 5 cm lang, wobei die Vorderabdrücke größer ausfallen. Füchse traben sehr oft und haben dann eine Schrittlänge von ungefähr 70 cm, wobei der Hinterfuß in der Regel vor den Vorderfuß gesetzt wird. Seine Losung ist wurstförmig 8–10 cm lang und 2 cm dick, das Ende oft schraubenförmig zugespitzt. Die Farbe variiert von Hellbraun bis Schwarz. Die Losung enthält Federn, Haare und Knochen und riecht äußerst streng.

Kernbeißer

Wie sein Name schon sagt, sucht dieser Vogel nicht die Frucht, sondern den Kern. Die Fruchtstücke landen auf der Erde und können von uns unter Bäumen und Büschen gefunden werden. Beim Knacken von Eicheln und Haselnüssen macht der Kernbeißer laute Geräusche. Sein Schnabel erreicht einen Druck von 45 kg. Auch die Zapfen von Kiefern, Fichten und Tannen werden vom Kernbeißer zerhackt, um an die zwischen den Schuppen liegenden Samen heranzukommen. 65 einheimische Gehölze dienen diesem kleinen Vogel als Nahrungsquelle!

FRÜHLING

Frühling ist die Zeit des Aufbruchs und Erwachens. Nach der langen Winter-Ruhephase bricht das Leben aus der Erde mit aller Macht hervor. Die Vögel singen wieder, stecken ihre Reviere ab und bauen Nester, viele Wildtiere bekommen ihre Jungen, und innerhalb kurzer Zeit ist alles, was vorher braun und kahl war, grün und üppig, bunt. Es ist eine gewaltige Kraft, die das Leben jedes Jahr wieder hervorbringt. Gerade im Vorfrühling, in dem das Wetter noch deutlich zwischen kaltem Winter und warmen Sonnentagen schwankt, fühlen wir die Übergangsphase des Frühlings deutlich. Viele Menschen werden dann krank oder fühlen die allseits bekannte „Frühjahrsmüdigkeit", denn der Winter war lang und schwächt, selbst wenn wir viel draußen sind und uns vitaminreich ernähren, das Immunsystem. Der Sommer läßt auf sich warten, und erst im Mai, nach den Eisheiligen, können wir sicher sein, daß es keinen Frost mehr gibt. Der Frühjahrsmüdigkeit mit ihren oft depressiven Verstimmungen stehen die Frühlingsgefühle entgegen, die mit der Frische und Liebe dieser gewaltigen Schöpfungskraft zu tun haben. Hochgefühle! Wir dürfen das Neue empfangen, bewundern, genießen. Die Lebenskräfte drängen von innen nach außen und verwandeln irdische Depression in luftige Freude. Diese Wechselbäder sind manchmal nicht einfach zu verkraften.

Der Frühling ist gewöhnlich auch die Zeit der Wassermassen, der Schnee schmilzt und macht kleine Bäche zu reißenden Flüssen, schafft überschwemmte Wiesen und, wenn Menschen zu sehr in die Natur eingegriffen haben, Katastrophen. Gerade kleine Kinder müssen jetzt gut beobachtet und vor den Gefahren gewarnt werden, weil sie leicht ertrinken können.

Kinder lieben das Wasser in Form von Pfützen und Tümpeln. Mit Gummistiefeln können sie stundenlang am Wasser spielen, und wenn wir die Konzentrationsfähigkeit unserer Kinder fördern wollen, sollten wir die Geduld aufbringen, sie nicht daran zu hindern. Stöcke und Steine, Rinde und Moos sind Spielzeug, das nichts kostet und immer wieder

Freude bereitet. Rindenschiffchen, Flaschenpost, kleine Häuser für Zwerge oder andere Wesen, die Kinder selber bauen, regen ihre Phantasie an und wecken ihre schöpferischen Kräfte.

Ich habe dem Frühling das Element Erde zugeordnet, obwohl auch Wasser denkbar gewesen wäre. Unsere Lust, jetzt etwas in die Erde zu stecken und an dem großen Erwachen teilzunehmen, das Wunder des Aufkeimens erleben zu dürfen, scheint mir für den Frühling besonders typisch zu sein. Die Erde ist es, die im Frühling aufbricht, die uns mitreißt mit ihrer Verwandlungskraft und ihrem unglaublichen Reichtum.

Löwe am Firmament – der Sternenhimmel im Frühling

Im Frühling geht der Orion am westlichen Horizont unter. Cassiopeia, das W-förmige Sternbild, steht tief über dem nördlichen Horizont. Der hellste Stern am Himmel und der nördlichen Hemisphäre überhaupt ist jetzt im Osten der Bärenwächter Arcturus im Sternbild des Ochsentreibers Bootes.

Im Süden finden wir den Löwen Leo (Leo Major) mit Regulus, dem Hauptstern. Dieser war bei den Persern einer der vier Himmelswächter, und er verhieß Reichtum, Macht und Ehre. Vom Schwanz dieses vorgestellten Löwen gehen viele Sternschnuppen aus, die Leoniden, bis zu 200 000 Objekte pro Stunde.

Herkules oder griechisch Herakles hatte dem alten Mythos nach den Auftrag, den Numeischen Löwen zu töten. Hera hatte ihn gesandt, und Herkules gelang es, ihn mit bloßen Händen zu töten. Das Fell dieses Löwen, das Herkules von nun an trug, machte ihn unbesiegbar.

In Ägypten wurde der Löwe als Symbol männlicher Kraft und Königswürde verehrt. Zur Zeit der jährlichen, die Erde fruchtbar machenden Überschwemmungen am Nil trat die

66

Sonne in das Sternbild des Löwen ein. Aus Dankbarkeit für die fruchtbarmachenden Wassermassen wurden zahlreiche löwenköpfige Brunnen errichtet, bei denen das Wasser aus dem Löwenmaul schießt. Man findet sie auch heute noch.

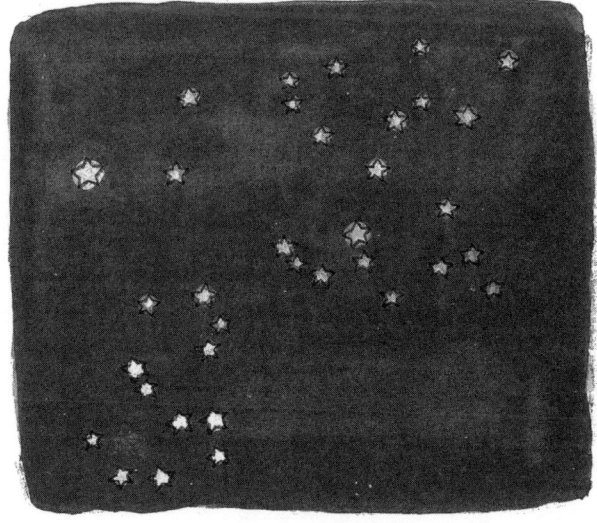

März –
der Frühling liegt in der Luft

Geduld, du kleine Knospe
im lieben stillen Wald,
es ist noch viel zu frostig,
es ist noch viel zu bald.

Noch geh ich dicht vorüber,
doch merk ich mir den Platz,
und kommt heran der Frühling,
so hol ich dich mein Schatz.

August von Platen

Im März liegt der Frühling schon in der Luft, auch wenn es noch viel Schnee und Frost gibt. Am 21. März fängt der Frühling auch auf dem Kalender an, und an diesem Tag sind Tag und Nacht genau gleich lang. Einige Bäume und Frühlingsblumen blühen schon, und die Tage sind zum Monatsende hin länger als die Nächte. Unser Körper spürt das, Frühlingsgefühle kommen auf, auch wenn der lange Winter uns körperlich geschafft haben mag. Der Körper braucht jetzt viel Vitamine, und es ist sinnvoll, auf der Fensterbank Sprossen und Keime anzusetzen.

Sehnsucht nach Grün und Erneuerung stellt sich ein, und es tut gut, etwas in die Erde zu säen – und sei es nur in einen Topf. Tomaten, Gurken, Sonnenblumen und alles, was man sonst noch aus Samen ziehen möchte, kann jetzt auf der Fensterbank in Töpfen und Schalen herangezogen werden, um dann an frostfreien warmen Tagen im April oder Mai nach draußem gepflanzt zu werden.

Der März ist ein Monat des Aufbruchs. Die Vögel singen wieder! Tulpen und Narzissen kommen mit grünen Spitzen aus der Erde, und unter altem Laub keimt das Leben hervor. Schneeschmelze und Wassermassen spülen Altes mit sich fort, und wenn die Sonne scheint, fühlen wir schon wieder die kommende Wärme. Die Hasen haben Junge, und die Hühner fangen in diesem Monat wieder an, tüchtig Eier zu legen. Manchmal ist Ostern auch schon im März.

Der März macht uns aber auch ungeduldig. Immer wieder Kälteeinbrüche, immer wieder Matsch und Schnee! Unsere Gelassenheit ist jetzt besonders gefragt. Die Beschäftigung mit Erde hilft uns, Geduld zu bewahren. Sie ist nicht nur unsere große Mutter, sondern auch unser Vorbild an Geduld und Zuversicht. Topfblumen können im März unsere besondere Zuwendung gern annehmen, indem wir sie umtopfen und mit neuer Erde versorgen. Auch ihnen hilft gutes Zureden.

Seinen Namen aber hat dieser Monat von dem römischen Kriegsgott Mars: aufkeimende Lebenslust und Depression bekämpfen sich in diesem Monat, das Licht siegt schließlich über den Schatten. Tatsächlich fanden bei den Germanen aber auch Heeresversammlungen im März statt. Die Waffen, die im Winter unbenutzt auf dem Speicher lagen, wurden wieder hervorgeholt und in Spielen erprobt. So sollten die aufgestauten Aggressionen auf spielerische Weise ausgelebt werden. Nach Tagen des Eingesperrtseins in enge Wohnungen, drängen auch unsere Kinder mit aller Macht nach draußen.

Rätsel

Fliegt ein Vogel federlos
Auf einen Baum blattlos.
Da kommt Frau fußlos
Und ißt den Vogel mundlos.

(Schnee und Sonne)

Der Himmel blaut, tief in sich selbst verloren.
Verträumte Wolken ziehen ihre Bahn,
Fern ruft ein Hahn.
Die erste Biene summt dir um die Ohren.

Wie Silber glänzt, wie altes Gold, die Weide
im stillen Licht, das durch die Täler schwebt.
Die braune Erde webt
mit leiser Hast an ihrem bunten Kleide.

Owlglass

Frühlingsboten entdecken und etwas in die Erde stecken

Die Weide, die Kornelkirsche und die Zaubernuß sind die ersten Gehölzblüten, die wir im Frühjahr entdecken können. Weidenkätzchen finden wir an Waldrändern und Teichen, sie lieben Feuchtigkeit. Kinder sind fasziniert von den kuschelig weichen Kätzchen, die bald eine Menge leuchtend gelber Staubblätter ausfahren, an denen sich schon die ersten Bienen laben. Die Zaubernuß mit ihren bizarren oft kräftig leuchten-

70

den Blüten habe ich schon im Februar erwähnt. Die Kornelkirsche hat ebenfalls auffällig gelbe Blüten, die in Büscheln an den blattlosen Ästen sitzen.

Osterhase und Kaninchen

Hasen und Kaninchen werden oft miteinander verwechselt. Wissen Sie den Unterschied?

Hasen sind vom Aussterben bedroht, denn sie leben auf dem freien Feld, und freie Felder gibt es immer weniger. Kaninchen wohnen in unterirdischen Gängen und sind daher bestens vor Feinden geschützt. Sie bekommen bis zu neun Junge, während die Häsin nur ein bis drei Häschen gebiert. Diese liegen gut getarnt und ganz ohne Geruch – sonst würden Fuchs und Hunde sie sofort aufspüren – in Mulden am Feldrand versteckt. Auch Raubvögel und Katzen fressen kleine Hasen und natürlich auch Kaninchen, wenn sie sie kriegen. Die kleinen Hasen kommen mit Fell und Zähnen zur Welt, Kaninchen nackt und blind. Die kleinen Hasen erhalten sehr fette Milch und müssen nur einmal am Tag trinken. Sie werden drei Wochen lang gesäugt und dann von der Mutter verlassen. Die Kaninchenmutter widmet sich vier Wochen lang ihren Kindern, die erst nach zehn Tagen ihre Augen öffnen. Hasen leben einzeln, Kaninchen in Gruppen von bis zu 400 Tieren.

Hasen haben längere Ohren und längere Beine als Kaninchen. Was in der Dämmerung in Gruppen umherhoppelt – auch in Großstädten – sind immer Kaninchen. Hasen sind Einzelgänger und können nicht in Städten leben.

Obwohl Wildkaninchen und Hasen einander äußerlich ähneln, sind sie in ihrer Lebensweise doch so verschieden, daß es unmöglich ist, sie miteinander zu kreuzen.

Osterhase

Damit das Warten auf den Osterhasen nicht so schwer fällt, kann man sich selber einen herstellen. Hierzu benötigt man zwei Luftballons, Sand, alte Zeitungen, eventuell Seidenpapier, Tapetenkleister und später zum Anmalen Plakatfarbe in Hasenfarben: braun, weiß und vielleicht ein bißchen rosa. Ein Luftballon wird mit mehreren Eßlöffeln Sand gefüllt, so daß er Standfestigkeit erhält. Dies wird der Hasenbauch. Er wird nicht straff aufgeblasen. Der zweite wird als Kopf obenaufgesetzt und entsprechend kleiner aufgeblasen. Um die beiden Luftballons aneinander zu befestigen, reißt man Zeitungspapierstreifen, die man in Tapetenkleister taucht und so an beiden Ballons befestigt, daß sie zusammenhalten. Nach und nach werden die beiden Ballons ganz mit Kleisterpapier bedeckt. Zwei lange Ohren werden aus Zeitungspapier gerollt und geformt und ebenfalls an dem Hasenkopf befestigt. Besonders fein wird es, wenn wir über die Zeitungspapierschichten noch Schichten mit weißem Seidenpapier kleben. Wenn der Hase so aus dieser Kleistermasse modelliert ist, muß er mehrere Tage trocknen. Danach kann er als Hase bemalt werden. Wenn die Farbe getrocknet ist, kann der Hase auch auf dem Balkon oder im Garten auf Ostern warten.

Zimmergärtchen

Sich einen kleinen Zimmergarten anzulegen, gehört für mich zu den größten Vorfrühlingsfreuden.

Suchen Sie je nach Möglichkeit eine flache Holzkiste, einen Blumenkasten oder eine große Schale oder Auflaufform für das Gärtchen aus. Suchen Sie mit Ihrem Kind gemeinsam kleine Kieselsteine und/oder Sand, mit dem der Garten gestaltet wird. Und dann brauchen Sie natürlich Blumenerde, die Sie gratis von Maulwurfshügeln von einem Ausflug mitbringen können oder aus Ihrer Wurmkiste entnehmen.

Lassen Sie nun Ihr Kind entscheiden, was es anpflanzen möchte. Sie können Samentüten kaufen oder – wenn Sie im letzten Sommer und Herbst vorgesorgt haben – ihre eigenen Samen hervorholen.

Die Erde wird in den Kasten gefüllt und mit einem Brett glattgestrichen. Jetzt werden die Samen gleichmäßig darüber verteilt und eventuelle kleine Wege mit Kieselsteinen und

Sand markiert. Die Samen werden dann mit Erde zugedeckt, und zwar immer so viel, wie die Samen dick sind. Mit einem Zerstäuber (Blumensprühflasche oder leere Deo-Flasche) wird die Erde jetzt regelmäßig feucht gehalten. Wenn man das Beet mit einer Folie abdeckt, benötigt es weniger Wasser. Die Erde muß jedoch immer feucht sein! Das Gärtchen wird jetzt an einen warmen Ort gestellt. Wenn die ersten Keime kommen, brauchen die Pflanzen auch Licht, müssen also aufgedeckt werden und am Fenster stehen. Damit sie nicht zu schnell in die Höhe schießen, stellt man sie am besten nicht zu warm. Wenn die Pflänzchen ungefähr 6 cm lang sind, brauchen sie mehr Platz – es sei denn, man hat Kresse oder Weizen gesät. Mit einem Teelöffel kann man die Pflänzchen vorsichtig ausgraben und in einen einzelnen Topf umsetzen (z. B. Sonnenblumen oder Tomaten). An warmen Tagen dürfen die Pflänzchen jetzt draußen stehen, und ab Mai, wenn die Eisheiligen vorbei sind, kann man sie in den Hof oder Garten umpflanzen. Wenn der Topf groß genug ist, gedeihen Tomaten, Sonnenblumen und viele andere Pflanzen auch auf dem Balkon.

Faszinierend ist auch ein „Garten" aus Wurzelgemüse. Hierzu schneiden Sie den Blattansatz mit einem Stück Wurzel von Mohrrüben, rote Bete, Rettich oder anderem Wurzelgemüse ab und setzen ihn auf eine Schüssel voll Erde. Diese wird regelmäßig feucht gehalten. Nach ungefähr einer Woche treiben die Blätter aus und nach unten wachsen Wurzeln in die Erde. Ist das nicht ein Wunder ?

Der Gesang der Vögel

Spätestens im März – unabhängig von den Temperaturen – fangen die Vögel wieder zu singen an. Diese Stunde im Morgengrauen ist für mich heilig. Jeder kann es hören – selbst in der Großstadt gibt es Amseln, Meisen, Finken, Rotkehlchen und Rotschwänzchen und andere. Im Vorfrühling beginnt die Paarungszeit der Vögel – daher dieser Gesang. Mit ihren Liedern halten sich die Vogelmännchen Rivalen vom Leib und legen ihr Brutrevier fest. Bis zu acht unterschiedliche Strophen singt zum Beispiel ein Kohlmeisenmännchen, um seine Gegner zu beeindrucken. Erfindungsreichtum statt Gewalt scheint in der Vogelwelt das Mittel zu sein, um seiner Familie ein sicheres und schönes Zuhause zu schaffen. Wenn Sie lernen wollen, die einzelnen Vogelstimmen zu unterscheiden, besorgen Sie sich am besten eine Kassette, z. B. aus dem Verlag an der Ruhr. Auch kleinere Kinder können damit schon lernen, die Vogelfotografie dem Gesang zuzuordnen. Aber auch ohne die Sänger benennen zu können, ist dieses Konzert ein ganz besonderes Erlebnis, dem zu lauschen lohnt.

Weidenhütten

Jetzt ist die Zeit, um Weidenruten zu schneiden, aus denen Hütten, Tunnel, Zäune oder andere Spielobjekte für Kinder entstehen können. Hierzu sollten sich mehrere Eltern zusammentun und für Kindergarten, Hinterhof, Schule oder Spielplatz grüne Verstecke schaffen, die nichts kosten als Arbeit. Beziehen Sie die Kinder mit in die Arbeit ein – dann haben alle mehr Freude daran.

Zuerst muß ein Standort mit vielen Weidenbäumen ausgekundschaftet werden. Weiden findet man an Flußufern und überall da, wo es Wasser gibt. Für Stecklinge eignen sich am besten Silber- oder Bruchweiden. Allerdings müssen Sie die Forstbehörde oder das Grünflächenamt um Erlaubnis fragen. Notfalls müssen Sie die Stecklinge in einer Baumschule kaufen.

Die Weide ist eine wahre Zauberin unter den Bäumen. In über dreihundert Arten schlüpft sie in tausend Gestalten. Durch ihren Bezug zu Wasser gilt sie als weiblicher Baum und wegen ihrer oft unheimlichen und menschenähnlichen Gestalt (Kopfweiden) auch als Hexenbaum. Sie ist eine wahre Zauberin, denn selbst zehnjährige Weidenstämme bilden, wenn sie abgehackt werden oder umfallen, an ihrem Ende neue Wurzeln und treiben neue Zweige aus. Um Weidenstecklinge zu schneiden, müssen Sie Anfang März einjährige

74

Äste suchen, die sie daran erkennen, daß sie hell und unverzweigt sind. Die Äste werden glatt bis 3 cm von der Anwuchsstelle abgeschnitten. Stecken Sie die Ruten nun direkt in die feuchte Erde – oder, wenn das Wetter das nicht zuläßt, zunächst in Eimer mit Wasser, die frostfrei stehen. Die Stecklinge sollten allerdings ohne Wurzeln in die Erde kommen, weil sonst die Gefahr besteht, daß die feinen Wurzeln abbrechen und die Weide vertrocknet.

Die Weidenstecklinge werden in Pflanzlöcher gesetzt. Je nach Länge des Stecklinges sollen diese mindestens 20 cm tief, bei 2 m langen Setzlingen 60 cm tief sein. Der Standort sollte sonnig sein.

Spätestens im Mai treiben die Zweige aus, so daß grüne Zäune oder Hütten entstehen. Mit Feuerbohnen, Kapuzinerkresse oder Wicken lassen sich diese Naturspielräume zusätzlich begrünen und beranken.

(Wenn Sie nähere Informationen wünschen, besorgen Sie sich das „Handbuch Ökologischer Kindergarten" von Erich Lutz und Michael Netscher aus dem Verlag Herder oder die vom Naturschutzzentrum NRW herausgegebene Broschüre Naturspielräume für Kinder, Postfach 10 10 52, 45610 Recklinghausen gegen 3 DM in Briefmarken.)

Schmetterlinge

An warmen Tagen sieht man jetzt die ersten Schmetterlinge, die sich aus ihrem Winterversteck wagen. Der Kleine Fuchs überwintert oft in unbeheizten Räumen und muß nun ins Freie gelassen werden. Wenn er keinen Blütennektar findet, muß er verhungern. Also an sonnigen Tagen Lauben, Keller und Dachböden lüften bzw. die Fenster öffnen!

Wer keine Schmetterlinge findet, kann sich selber welche falten bzw. häkeln.

Hierzu benötigt man farbiges Baumwollgarn, eine Häkelnadel, weißes und farbiges Seidenpapier und 15 cm feinen Draht.

Für den Körper werden sieben Maschen gehäkelt, der Faden wird unterhalb der Anfangsmasche abgeschnitten. Der Endfaden wird nach der letzten Masche etwa einen halben Zentimeter lang abgeschnitten und geteilt. Die abstehenden Seitenfäden werden nach zwei Seiten fest gedreht und ergeben so die Fühler.

Aus dem Seidenpapier werden ein weißes und ein farbiges Rechteck von ungefähr 6 mal 4,5 cm Länge geschnitten. Die Stücke werden übereinandergelegt, der Mittelbruch eingeknickt und nun zu einer Flügelform geschnitten. Das weiße Seidenpapier wird nach Belieben bemalt. Diese beiden Papierchen werden nun im Bruch mit Klebestift bestrichen, übereinandergelegt und an den gehäkelten Körper geklebt. Der Schmetterling wird jetzt vorsichtig am Draht befestigt und in einen Blumentopf gesteckt.

Rätsel

Es flog da jemand übern Garten,
saß hier und da,
wollt nirgends warten,
ist gewickelt und gewackelt,
ist gezickelt und gezackelt.

(Schmetterling)

Tierspuren von Eichhörnchen und Rötelmaus

Eichhörnchen

Überall in städtischen Parks und auch in unseren Wäldern leben Eichhörnchen. Diese Lieblinge der Kinder und Alten werden oft so zutraulich, daß sie aus der Hand fressen. Ihre Spuren finden wir in Form von angefressenen Zapfen und Nüssen. Eichhörnchen benagen die Zapfen immer vom Ansatz her. Dabei werden die Zapfenschuppen rundherum entfernt. Beim Abnagen zerfransen die Schuppen manchmal, so daß einzelne Fasern hängenbleiben. Ganz abgebissene Schuppen liegen zerstreut unter dem Baum. Die Zapfenspitze dagegen bleibt unversehrt. Eichhörnchen-Kot ist kugelförmig, aber an einem Ende flach, am andern spitz. Er besteht aus Pflanzenresten. Im März können wir auch die auffällig runden Baumnester der Eichhörnchen beobachten. Sie heißen Kobel.

Rötelmaus

Diese kleine Maus mit rotbrauner Färbung und kleinen Ohren hinterläßt 1 cm lange Trittspuren mit vier Krallen, die doppelt so großen Hinterfüße haben fünf Krallen. Wenn Schnee liegt, kann diese Maus bis zu 60 cm weit springen, und im Pulverschnee findet man manchmal ihren gesamten Körper abgedrückt. Diese Mäuse sind auch sehr geschickte Kletterer und benagen Zapfen direkt am Baum. Von Ästen schälen sie die Rinde ab, und vom Astquirl ausgehend kann man ihre 2 mm breiten Nagerillen entdecken. Auch angeknabberte Pilze sind das Werk von Mäusen, die – im Gegensatz zu Eichhörnchen – die Pilze nicht herausreißen, sondern stehenlassen.

April –
die Knospen öffnen sich

Der April macht, was er will, heißt es im Volksmund. Dieser Spruch ist auf das oft wechselhafte Wetter im April zurückzuführen: Manchmal gibt es noch Schnee und Frost, manchmal kann man schon draußen in der Sonne sitzen und den Frühling im Hemd genießen. Am 1. April darf man bekanntlich Menschen an der Nase herumführen und ihnen Unsinn erzählen – diese Sitte ist übrigens in vielen europäischen Ländern bekannt. In Schweden darf man am Mittwoch vor Ostern Freunden und Bekannten Anstecker anheften – das sind Zettel, auf denen z. B. steht: „Ich bin so dumm, daß es weh tut." Ich weiß das von Astrid Lindgren. Offenbar liegt es in der Frühlingsluft, einander zu necken und Späße zu treiben.

Der Name April geht auf das lateinische aperire zurück, und das bedeutet: sich öffnen, aufbrechen. Tiere und Pflanzen öffnen sich dem Leben, die Knospen öffnen sich zu Blättern, und es wird wieder grün und bunt. Bei unseren Vorfahren hieß der Monat Keimmond. Unser Osterfest ist auf uralte Frühlingsbräuche zurückzuführen, bei denen für die wiederauferstandene Natur gedankt wurde. Passend hat die christliche Kirche das Fest für Jesu Auferstehung in diese Zeit gelegt. Das Osterfest ist ein sogenanntes bewegliches Fest: Es fällt immer auf den ersten Sonntag nach dem ersten Vollmond im Frühling. Ostern fällt auch mit dem jüdischen Passahfest zusammen. Viele alte Völker rechneten die Zeit nicht nach der Sonne, wie wir es heute tun, sondern nach dem Mond. Auch der jüdische Kalender ist ein Mondkalender. Von einem Vollmond zum anderen sind es 29 Tage, während der Sonnenmonat 30 oder 31 Tage hat. So kommt es, daß die Vollmondtage in jedem Monat auf ein anderes Datum fallen, und weil Ostern nach dem Mond gefeiert wird, rechnet sich auch sein Datum in jedem Jahr anders. Festgelegt hat die Kirche, daß Ostern immer am Sonntag sein soll – und zwar an dem Sonntag, der auf den ersten Vollmond nach Frühlingsanfang folgt. Weihnachten zum Beispiel ist ja immer am 25. Dezember, und das kann auch mitten in der Woche sein.

Der Donnerstag vor Ostern ist bekanntlich der Gründonnerstag, der an das Abendmahl Jesu erinnert. Der Brauch, an diesem Tag eine grüne Suppe zu essen, hat seinen Ursprung in der Notwendigkeit, die ersten frischen Frühlingskräuter zu sich zu nehmen, um den Körper zu entschlacken und ihm Vitamine zuzuführen. Das Abendmahl wurde urspünglich Eucharistie genannt. Dieses Wort bedeutet Danksagung. In ihm stecken die griechischen Wörter

Charis = Gnade, Geschenk
Chaire = freue dich, sei gegrüßt
Charisma = Gnadengabe, Begabung.

Das jüdische Passah-Fest (Pessach auf hebräisch) erinnert heute an den Auszug aus Ägypten – hat also auch mit Aufbruch zu tun. Ursprünglich war es jedoch ein altes Opferfest, in dem die nomadischen Stämme Israels ein Lamm opferten und ihre Zeltstangen mit seinem Blut bestrichen, um Unheil zu vermeiden und Gott zu danken. Später gab Gott Mose den Auftrag, sein Volk aus der Sklaverei in Ägypten zu befreien und mit ihm nach Israel zurückzukehren. Der ägyptische Pharao war jedoch dagegen. In dem bekannten Gospel: Let my People go werden die Bitten des Mose besungen. Pharao ließ sich jedoch nicht umstimmen. Erst als Gott die sieben Plagen schickte, gab er nach. In der Hektik des Aufbruchs hatten die Frauen jedoch keine Zeit mehr, das übliche, mit Sauerteig angesetzte Brot zu backen. Deshalb mußten sie unterwegs Brot essen, das nur aus Wasser und Mehl bestand. Diese Mazzen werden in frommen jüdischen Familien noch heute sieben Tage lang gegessen.

Das Wort Ostern kommt von Ostara, einer germanischen Frühlingsgöttin. Älteste Belege des Brauches, Eier zu verschenken, sollen aus England kommen, wo man zu Ehren der Göttin der wiederaufsteigenden Sonne ein Fest feierte.

Am Vorabend des Osterfestes wird noch heute vielerorts ein Osterfeuer entzündet, das die zurückkehrende Sonne und das Erwachen der Natur symbolisiert. Während das Feuer brannte, führten junge Männer den Schwertertanz auf, mit welchem sie den Winter symbolisch besiegten und in die Gemeinschaft der Krieger aufgenommen wurden. Danach zogen sie mit Fackeln, die am Osterfeuer entzündet wurden, und mit geweihten Kräutern auf die Felder und zelebrierten die altüberlieferte Ackerkrönung, um die Fruchtbarkeit der Erde zu erwirken. Auch das Peitschen mit frischgeschnittenen Ruten gehört zu den Fruchtbarkeitsriten alter Zeit. Es hat sich bis heute in der finnischen Sauna erhalten – dort dient es allerdings mehr der Durchblutung.

Mancherorts wurden an diesen Feuern auch Strohpuppen verbrannt, die den Winter oder das Böse schlechthin symbolisierten.

Der Hase ist neben dem Ei ein uraltes Fruchtbarkeitssymbol.

Das Ei, die vollkommene Form, hat nach den Mythen mancher Völker sogar die ganze Welt hervorgebracht. Eier wurden wegen ihrer lebensspendenden Kraft auch in Gräber gelegt. Im 10. Jahrhundert waren dies sogar rot gefärbte – denn rot ist die Farbe für Blut und Leben, und so ist der Brauch, Eier zu färben, schon mindestens tausend Jahre alt.

Rote Eier wurden in Persien auch zu Beginn eines neuen Jahres verschenkt, und in China tat man das gleiche zur Geburt eines Sohnes.

Erst vor ungefähr dreihundert Jahren benutzte man auch andere Naturfarben für die Eier, z.B. Spinatsaft und Birkenblätter für Grün, Zwiebelschalen für Gelb, rote Bete für Lilarot und so fort. Zunächst waren die Eier einfarbig, später wurden sie mit bunten Mustern und Bildern verziert. Besonders kunstvoll sind die Eier der Sorben und Ukrainer. In der Ukraine wird erzählt, daß jedes bemalte Osterei die Ketten eines Untiers verstärkt. Entstehen zu wenige davon, kann es sich losreißen und Schaden anrichten. Die Eier wurden von den Frauen nach geheimen Rezepten gefertigt, an Priester und Paten verschenkt und auch mit in die Gräber gelegt. Beim kunstvollen Bemalen sangen die Frauen Segenswünsche und Lieder, und weder Männer noch Kinder durften sie dabei stören. Diese Eier wurden auch nach Ostern noch aufbewahrt, um das Haus vor Feuer und Sturm zu schützen, den Mädchen reiche und schöne Verehrer zu wünschen und um für einen Todesfall Reserve zu haben.

Sogar Schmuckeier, die mit Gold und Edelsteinen besetzt waren, wurden in Rußland hergestellt. Der Zar schenkte seinen hohen Beamten solche kostbaren Eier, und bald machten es ihm wohlhabende Bürger nach.

Die ersten Berichte vom Verstecken und Suchen der Ostereier stammen aus dem 17. Jahrhundert. Aus dieser Zeit stammen auch alte Spiele mit Eiern, die ich weiter hinten erwähne.

Der Hase wird mit buntgefärbten Eiern erst vor dreihundert Jahren schriftlich erwähnt. Als Symbol der Fruchtbarkeit ist er jedoch viel älter. In vielen alten Kulturen ist er ein Mondtier und damit ein mit weiblichen Kräften assoziiertes Tier. Die dunklen Flecken auf der Mondscheibe erinnern an einen springenden Hasen, und dadurch kommt wohl die Verbindung zum Weiblichen, seine Bedeutung als Yin-Tier. Sowohl in China als auch bei den Azteken war der Hase mit dem Mond verbunden und stand für ein langes, glückliches Leben. Auch im indobuddhistischen Raum, bei den Hottentotten in Afrika und bei den Kelten war der Hase ein Mondtier, der mit seiner legendären Schnelligkeit und Wachsamkeit wertvolle Eigenschaften besaß.

Nach antiken Vorstellungen ist er das Lieblingstier der Göttin Aphrodite, und nach Plinius (23–79 n. Chr.) soll Hasenfleisch Frauen fruchtbar machen. Zur Erleichterung der Entbindung sollte ein Hase nach Apollonius von Tyana im 1. Jahrhundert nach Christus dreimal um das Lager der Gebärenden herumgetragen werden.

Eine besondere Bedeutung kommt dem Hasen in einer buddhistischen Legende zu, derzufolge ein mitfühlender Hase sein Leben opfert, indem er ins Feuer springt, um mit seinem Fleisch den hungernden Buddha zu nähren.

Nach indianischen Mythen ist der Hase ursprünglich der Schöpfer der Welt, der erst anschließend in die Tiergestalt schlüpfte. Hier gilt er entsprechend als ausgesprochen schlau – und warum sollte es so ein Tier nicht schaffen, uns die Eier zu bringen?

Am 30.4. ist Walpurgisnacht. Der Sage nach sind in dieser Nacht alle Zauberkräfte entfesselt. Hexen reiten auf Besen durch die Luft und treffen sich im Harz oder anderswo zu wilden Tänzen. Goethe hat dies im ersten Teil des Faust verarbeitet. Der Ursprung dieser Sage liegt vermutlich in den von der Kirche verbotenen heidnischen Frühlingsfesten. Die Menschen, die an ihrem Brauchtum festhalten wollten, trafen sich wahrscheinlich heimlich auf ihren alten Kultstätten. Um nicht erkannt zu werden, haben sie sich möglicherweise vermummt.

Wetter beobachten, Grünes genießen

Der April eignet sich wegen seines wechselhaften Wetters gut für dessen Beobachtung. Wie wär's mit dem Bau einer kleinen Wetterstation? Klar, für die Tagestemperatur benötigt man ein Thermometer an einer Außenwand. Vorschulkinder finden es sicherlich spannend, diese täglich in eine Tabelle einzutragen, um dann eine Temperaturkurve für den Monat zu erhalten. Mit etwas Anleitung schaffen sie das.

Um den Luftdruck zu messen, kann man sich ein Barometer, also einen Luftdruckmesser, selber bauen. Dazu benötigen wir ein Glas, einen Luftballon, einen Strohhalm, ein Streichholz, ein Gummiband, einen Holzstab und Klebeband. Der Luftballon wird zerschnitten und als Haut sehr straff über die Öffnung des Glases gelegt und mit dem Gummiband befestigt. Auf diese Haut wird der Streichholz gelegt und darüber der Strohhalm, der mit Klebeband festgeklebt wird. Jetzt wird das Barometer so neben den mit Markierungen versehenen Holzstab gelegt, daß der Strohhalm als Zeiger auf dem Holzstab dienen kann. Wenn der Luftdruck jetzt steigt, drückt die Luft das Gummi stärker nach innen, und hierdurch bewegt sich der Strohhalm nach oben. Fällt der Luftdruck rapide, muß man mit Sturm oder Gewitter rechnen.

Um die Luftfeuchtigkeit zu messen, kann man einen Kiefernzapfen benutzen. Wenn die Luft feucht ist und Regen droht, legen die Zapfen ihre Schuppen eng an, damit die Samen geschützt sind. Bei trockener Luft, die gutes Wetter prophezeit, spreizen sich die Schuppen nach außen.

Um die Windrichtung festzustellen, benutzen Sie einen Windsack, wie ich ihn auf S.172 beschrieben habe.

Es ist sinnvoll, in diesem Zusammenhang auch die Himmelsrichtungen zu markieren. Das kann man auch ohne Kompaß tun, wenn man den Stand der Sonne beobachtet.

Im Osten geht die Sonne auf,
Im Süden steigt sie hoch hinauf,
Im Westen will sie untergehn,
Im Norden ist sie nie zu sehn.

Ein Kreuz mit den vier Himmelsrichtungen kann man auch in der Wohnung auslegen. Naturvölker haben den Himmelsrichtungen immer bestimmte Farben zugeordnet, die wiederum Eigenschaften symbolisieren.

Was verbinden Sie mit den vier Himmelsrichtungen, und welche Farben erscheinen Ihnen sinnvoll?

Manche Menschen behaupten, daß man stets mit dem Kopf im Norden und mit den Füßen im Süden schlafen sollte. Wollen Sie das mal ausprobieren?

Für einen Regenmesser braucht man ein Weckglas oder ein anderes Glasgefäß mit geraden Seiten. Bringen Sie mit wasserfestem Filzstift Markierungen an, und stellen Sie den Niederschlagsmesser ins Freie.

Schnecken

Falls Sie diese Tiere genauso mögen wie Ihre Kinder, werden Sie sicher nichts dagegen haben, sich diese pflegeleichten Schleimfüße für ein paar Tage ins Haus zu holen. Sie benötigen dazu ein großes Glasgefäß – am besten ein leeres Aquarium oder etwas Ähnliches. In dieses Gefäß wird unten Erde gelegt, darüber ein Ast, Blätter und sonstiges Grünzeug. Mit einer Sprühflasche sorgen Sie täglich für ausreichend Feuchtigkeit. Damit die Tiere nicht entweichen, müssen Sie das Gefäß abdecken, aber so, daß Luft hineinkommen kann.

Kinder haben sehr viel Freude an der Beobachtung von Schnecken.

Hier noch einige Hinweise:

Die bei uns überall zu findenden Schnecken mit bunten Gehäusen sind Schnirkelschnecken. Sie ernähren sich überwiegend von Pflanzen, die sie mit ihrer rauhen Zunge raspeln.

Um die Vorwärtsbewegung einer Schnecke zu beobachten, setzt man sie am besten auf eine Glasscheibe, dann kann man die Muskelbewegung der Fußsohle deutlich sehen.

Stoppen Sie die Zeit, die eine Schnecke für eine bestimmte Wegstrecke benötigt. Sie erhalten das Schneckentempo!

Rätsel

Alle Tage geh ich aus
Und bleib doch stets zu Haus.

(Schnecke)

Anemonen

In Buchenwäldern können Sie jetzt die Schönheit der Buschwindröschen oder Anemonen beobachten. Sie blühen auf riesigen Flächen.

Gänseblümchen

Diese wohl jedem bekannten Blumen haben ihren Namen von den Gänsen, die auf Wiesen das Gras kurz halten, damit diese Lieblinge aller Kinder Licht haben, das sie zum Blühen brauchen. Gänseblümchen sind jedoch auch alte mild wirkende Heilpflanzen. Sie wirken schleimlösend, auswurffördernd, krampfstillend und stoffwechsel- und wundheilungsfördernd.

Löwenzahn

Diese Pflanze ist ein wahrer Überlebenskünstler. Sie durchbricht sogar den Asphalt in der Großstadt. Wie beim Gänseblümchen setzt sich die Blüte aus vielen kleinen Einzelblüten zusammen (Korbblüter). Die jetzt im April sehr zarten Blätter sind nicht nur eine Delikatesse für unsere Hasen und Meerschweinchen, sondern schmecken auch gut im Salat. Von den Zacken hat die Pflanze ihren Namen. Beobachten Sie Löwenzahn einmal am Abend. Er geht schlafen, indem er seine Blüte schließt – auch in der Vase. Spannend ist auch, die lange Pfahlwurzel des Löwenzahns auszugraben. Mit dieser Kraft verankert er sich fest im Boden. Die verblühte Löwenzahnblüte kennen wir alle als Pusteblume. Eine jede enthält 200–400 Samen, wobei jedes Körnchen mit einem eigenen Fallschirmchen zum Fliegen ausgestattet ist.

Kinder und Dichter haben diese Pflanze immer besonders geliebt. Haben Ihre Kinder vielleicht Lust, ein eigenes Löwenzahngedicht zu schreiben?

Brennesseln

Viele mögen sie nicht, und Kinder werden zu Recht wütend, wenn sie sich an ihr verbrennen. Dennoch ist die Brennessel eine Pflanze, der wir viel verdanken. So viel, daß sie vielleicht längst ausgerottet wäre, wenn sie nicht Härchen hätte, die sich in die Haut bohren und dort eine Brennflüssigkeit verspritzten. Wenn man sich diese Härchen einmal mit einer Lupe anschaut, erkennt man, daß sie in eine Richtung, nämlich vom Stengel nach außen wachsen. Berührt man das Blatt „gegen den Strich", verbrennt man sich. Streicht man aber mit dem Strich von innnen nach außen, tun einem die Härchen nichts.

Was verdanken wir der Brennessel alles? Die Pflanze ist eine wahre Hausapotheke für Mensch und Tier. Sie regt den Stoffwechsel an und wird deshalb im Frühjahr gern als Blutreinigungstee getrunken. Mit ihren vielfältigen Mineralstoffen, vor allem Eisen und Vitaminen, wirkt sie gegen Streß und gibt frische Kräfte. Sie regt den Haarwuchs an, hilft, den Blutzucker zu senken und das Immunsystem zu stärken.

Für Inder und Tibeter ist die Brennessel bis heute eine heilige Pflanze. Die Hänge des Berges Kailash, der Indern und Tibetern gleichermaßen heilig ist, sind mit Brennesseln überdeckt, und dort wohnt Shiva, der von einem Flammenkranz umgebene Gott. Pilger und Einsiedler, die sich dort aufhielten, sollen sich oft jahrelang nur von den Blättern und Samen dieser Pflanze ernährt haben – so auch Milarepa, der größte

Dichter Tibets, der so viele Brennesseln gegessen haben soll, das sich seine Haut grün verfärbte.

Eine Brennesseldelikatesse kommt aus Japan:
Tauchen Sie die Blätter mit Stil in Pfannkuchenteig und frittieren Sie sie. Gegessen werden Sie dann mit Sojasoße.

Brennesselsuppe

Dünsten Sie eine Zwiebel in Butter an, und geben Sie pro Teller eine Tasse feingehackte Brennesselblätter hinzu. Löschen Sie das Gemüse mit Gemüsebrühe (Würfel oder gekörnt in der entsprechenden Menge Wasser aufgelöst) ab, und rühren Sie in die kochende Brühe pro Teller ein Ei hinein. Schneiden Sie Vollkornbrot in kleine Würfel, und geben Sie diese in Butter gebraten über die Suppe.

Eßbare Kräuter

Von einem Spaziergang in einer wenig befahrenen Gegend können Sie auch Kräuter für eine Frühlingssuppe oder einen Wildkräutersalat mitbringen. Eßbar sind:
Löwenzahn, Brennesseln (mit kochendem Wasser übergossen brennen sie nicht mehr), Scharbockskraut, Gundermann oder Gundelrebe, Gänseblümchen, Schafgarbe und Spitzwegerich und Giersch. Diese Pflanzen können Sie roh zum mitgebrachten Brot, als Salat oder als Suppe essen. Es sind gesunde Delikatessen! Außerdem haben alle diese Pflanzen Heilkraft. Für die Suppe mahlen Sie Grünkern und stellen aus diesem mit Butter eine Mehlschwitze her. Mit Wasser ablöschen und unter Rühren kurz aufkochen. Süße oder saure Sahne hinzufügen und mit Gemüsebrühwürfel abschmecken. Die frischen, kleingehackten Kräuter werden erst kurz vor dem Servieren in die Teller gegeben. Schwimmende Gänseblümchen machen die Suppe zu einem kleinen Kunstwerk.

Ein andermal können Sie die Kräuter in Pfannkuchen einbacken.

Übrigens: Mit Brennesselsud können Sie Ostereier grün färben.

Spiele mit Eiern

Die Eier sind hierzu hart gekocht.Wenn die Schale durch das Spiel aufplatzt, kann man sie essen. Auf einer sandigen Spielfläche oder einer Wiese wird ein Kreis von einem Meter Durchmesser markiert. Man kann auch einen Reifen auslegen. Die Abwurflinie ist etwa zehn Meter davon entfernt. Jeder Mitspieler versucht, sein Ei in den Kreis zu landen. Wer sein Ei unbeschadet in den Kreis trifft, bekommt als Preis alle außerhalb des Kreises liegenden Eier.

Eierrollen

Hierzu braucht man einen Hügel oder sanften Abhang. Alle stellen sich auf und lassen ihre Eier hinabrollen. Welches Ei rollt am weitesten?

Eierdozzen

Je zwei Mitspieler schlagen die Eier aneinander. Der Spieler, dessen Ei ganz bleibt, hat gewonnen und bekommt das Ei des anderen.

Tierspuren von Elster und Waldkauz

Elster

Diese relativ großen schwarz-blau-grün-weißen Vögel trifft man das ganze Jahr über an. Sie sind vom Himalaya bis Nordafrika fast überall auf der Welt beheimatet. Man sagt ihnen nach, daß sie diebisch sind und glänzende Gegenstände wie Löffel oder Broschen stehlen. Auf jeden Fall plündern sie die Nester anderer Vögel. Wenn Sie auf einem Spaziergang ein Ei finden, das seitlich aufgepickt und ausgeschlürft wurde, waren es Elstern. In den herumliegenden Schalen befinden sich noch Eiweiß- oder Eigelbreste. Elstern sind Rabenvögel wie Krähen. Sie fressen wie diese sowohl Insekten, Schnecken, Spinnen und kleine Säugetiere als auch Aas, Getreide, Früchte und Nüsse. Ein Päärchen fängt manchmal schon mitten im Winter mit dem Nestbau an. Während das Weibchen ungefähr 18 Tage auf den Eiern sitzt, wird es vom Männchen versorgt. Nach der Brutzeit findet man Elstern genauso wie Krähen auch in großen Gruppen auf gemeinschaftlichen Schlafplätzen.

Rätsel

Mein Rock ist weiß wie Schnee
Und schwarz wie Kohlen.
Was glänzt, das muß ich holen.

(Elster)

Waldkauz

Der Waldkauz gehört zu den verbreitetsten europäischen Eulen. Wir finden seine Spuren in Kulturlandschaften mit Hecken, Wiesen und Feldgehölzen, aber auch in städtischen Parks. Er hat ein geflecktes, hellbraun-weißes Federkleid, einen runden Kopf und schwarze Augen. Der Waldkauz ist ein ausgesprochener Nachtvogel, der tagsüber schläft. Aber sein Gewöll findet man unter den Ästen, die ihm als Schlafplatz bzw. Sitzstange dienten. Die Gewölle sind hellgrau und enthalten Fellreste, Mäuseknochen und Vogelteile. Nisten tun Waldkäuze in Baumhöhlen, auf Dachböden oder in alten Krähennestern. Die Brutzeit beginnt Ende März und dauert ungefähr einen Monat. Nach dem Ausschlüpfen füttert zunächst das Männchen die Jungen, dann das Weibchen. Im Alter von fünf Wochen fliegen die kleinen Waldkäuze zum ersten Mal aus.

Mai –
Kraftprotz und Wonnemonat

Ach, der Mai! Dieser Kraftprotz und Wonnemonat, der alles so leicht macht. Der so viele Farben, Düfte und Freude ermöglicht, der aufatmen läßt und staunen. Der Mai mit seinem Fliederduft, mit den gelben Rapsfeldern, den leuchtenden Kastanienkerzen, dem hellen Buchengrün, den zarten Birken, dem Vogelgesang, der Blumenfülle, dem Himmel voller Lerchen, dem Duft der Erde bei Regen, der Wiederkehr der Schwalben und Störche ... von diesem Monat voll zarter Fülle kann man eigentlich nur schwärmen. Hier bin ich wieder, sagt die Erde, allem zum Trotz, unendlich schön.

Kein Wunder, daß dieser Monat den Göttinnen der Schönheit und Liebe geweiht war. Bei den Griechen war der Mai der Monat Aphrodites, deren Ursprung auf eine uralte Muttergöttin des östlichen Mittelmeerraumes zurückzuführen ist. Sie ist die Göttin der Sinneslust, die von den Römern Venus genannt wurde, von unseren Vorfahren Freya, nach der bis heute in allen germanischen Sprachen der sechste Tag der Woche benannt ist. Die schönste aller Göttinnen war die Verkörperung des großen Schoßes der Erde, die Göttin der Fruchtbarkeit, die im Herbst und Winter nicht auf der Erde weilt. Freya wählt auch aus, wer sterben muß. Trotz dieser Verbindung zum Tod war sie niemals eine furchterregende Göttin, denn die Germanen wußten, daß Tod und Leben zum Wesen des Daseins gehören. Freya nahm sich alle Götter zu Geliebten und trug stets eine Halskette aus Bernstein.

Traditionell wurden im Mai in vielen Ländern Opferfeste gefeiert, die der Liebesgöttin geweiht waren und oft erotisch-orgiastischen Charakter hatten.

Aus diesem Brauchtum ist das Aufstellen des Maibaums bis heute erhalten geblieben. Schade, daß die meisten Menschen bei Bratwurst und Bier unter dem Maibaum vergessen, um was es eigentlich einmal ging: Freude und Dankbarkeit.

Sehr viele Lieder besingen den Mai als einen lustigen, freudvollen Monat. Und auch der Kuckuck, dieser merkwürdige Vogel, der seine Eier in fremde Nester legt, läßt im Mai wieder seinen Ruf erschallen. Man stelle sich vor, daß das Kuckucksweibchen es schafft, zehn Eier in fremden Nestern unterzubringen! Doch damit nicht genug. Das Kuckucksweibchen legt Eier, die denen ihrer Wirtsvögel verblüffend ähneln! Jeder Kuckuck legt Eier, die so aussehen wie die der Eltern, bei denen er selber aufwuchs. Viele unfreiwillige Gasteltern erkennen allerdings trotzdem das Kuckucksei und schmeißen es über Bord. Bleibt das Ei jedoch unerkannt, hat der junge Kuckuck nichts mehr zu befürchten. Er entledigt sich seiner Konkurrenz, indem er alle anderen Vögelchen über den Nestrand schiebt und läßt sich dann von seinen Adoptiveltern mit dem füttern, was eigentlich für mindestens vier Geschwister gereicht hätte. Dieser einzige Vogel, der seinen Namen sagt, gilt weltweit nicht nur als Frühlingsbote, sondern auch als Seelenvogel und Narr, um den sich viele Mythen und Sprüche ranken. Oft wurden seine Rufe gezählt, um zu erfahren, wie viele Lebensjahre einem noch bevorstehen, wie reich man wird, wie viele Kinder man bekommt oder wie viele Jahre man noch bis zur Hochzeit warten muß.

Die Tage vom 12. bis 15. Mai nennt man Eisheilige. Oft gibt es in diesen Tagen noch ein letztes Mal einen Kälteeinbruch, und erst danach darf man empfindliche Pflanzen wie Gemüse und aus Samen gezogene Sommerblumen ins Freie setzen. Die Tage haben jeder einen Namen, und zwar Pankratius, Servatius, Bonifatius und Kalte Sophie. Der Sage nach sind dies Eisriesen, die König Winter geschickt hat. Weil der Frühling jedoch stärker ist, müssen sie bald wieder gehen.

Im Kirchenjahr wird 50 Tage nach Ostern – und das kann im Mai oder Juni sein – Pfingsten gefeiert. Nach Jesu Rückkehr in den Himmel am Himmelfahrtstag erzählt die Apostelgeschichte von der Ausgießung des Heiligen Geistes auf die Jünger. Diese Begeisterung wird sowohl durch Flammen als auch durch eine Taube symbolisiert. Dieser Vogel, der in vielen Kulturen als heilig gilt, ist der Inbegriff von Sanftmut und Liebe, ein Bote der Götter und ein Seelenvogel. Eine Taube brachte Noah den Ölzweig und damit die Hoffnung auf das Ende der Sintflut und den Jüngern Jesu den Heiligen Geist.

Mit seinen Feiertagen bietet Pfingsten sich an, „ins Grüne" zu fahren und das Wiedererwachen der Natur und Lebensfreude im Freien zu feiern.

Während die Dankbarkeits- und Fruchtbarkeitsrituale im Mai uralt sind, sind der am zweiten Maisonntag eingeführte Muttertag und der als Vatertag deklarierte Himmelfahrtstag erst in unserem Jahrhundert entstanden. Mit seiner Fülle bietet der Mai sich an, Dankbarkeit da zu zeigen, wo man sie empfindet.

Aus der Fülle schöpfen:
Holunder, Löwenzahn und bunte Kränze

Während man im April die einzelnen aus der Erde hervorkommenden Pflanzen noch recht gut aufzählen kann, sind es im Mai so viele, daß sie kaum noch zu benennen sind. Bei dieser Fülle bekommen Sie vielleicht Lust, die schönsten Blüten oder Blätter zu sammeln und zu pressen, um die Fülle in Ruhe zu betrachten, zu benennen oder etwas damit herzustellen, z. B. Postkarten, Lesezeichen oder Lampenschirme. Eine Blumenpresse kann man recht einfach herstellen. Sie benötigen dazu:

2 gleich große Sperrholzplatten
4 Schloßschrauben ca. 40 cm lang
4 passende Flügelmuttern
6 Wellpappenplatten

Die Sperrholzplatten werden an allen vier Ecken mit Löchern für die Schloßschrauben versehen. Die Schrauben werden durch die Platten gesteckt und von oben mit den Flügelmuttern befestigt. Hierdurch entsteht eine Presse. Zwischen die Wellpappenscheiben, die an den Ecken so abgerundet werden, daß sie die Schrauben nicht berühren, wird Papier und auf das Papier die zu pressenden Pflanzen gelegt. Besonders geeignet ist Löschpapier. Die Pflanzen sollen trocken sein und jeweils zwischen zwei Papieren liegen. Durch das Anziehen der Flügelschrauben werden die Pflanzen gepreßt. Die Pflanzen müssen mindestens zwei Wochen in der Presse bleiben.

Holunder (Sambucus niger)

Im Mai blüht gewöhnlich der Holunder. Diese weit verbreitete, ganz besondere Pflanze ist eine genauere Betrachtung wert. Dieser kleine Baum, dessen Blütenduft uns im Mai oder Juni verzaubert, war unseren Vorfahren heilig. Kein Wunder, denn er ist eine kleine Apotheke: Die Blüten, zu Tee gekocht, wirken harntreibend und erkältungslindernd, sogar bei Heuschnupfen und Stirnhöhlenentzündung, Grippe, Masern und Scharlach soll er gute Dienste leisten. Sinnvoll ist es, getrocknete Holunderblüten mit anderen Teekräutern zu mischen, z. B. mit Lindenblüten, Brombeerblättern, Himbeerblättern und Hagebutten.

In Pfannkuchenteig getaucht und fritiert erhalten wir durch die Holunderblüten eine gesunde Delikatesse. Der Teig wird hergestellt aus:

1 Ei pro Holunderdolde, 25 g Weizenmehl pro Dolde, etwas Milch und Wasser, 1 Eßlöffel Butter pro Dolde. Je nach Geschmack mit Honig oder Zucker süßen. Und in Öl oder Kokosfett ausbacken.

Man kann die Blüten aber auch für Holunderlimonade verwenden. Wenn Sie die hohe Zuckermenge nicht abschreckt, können Sie einen köstlichen Sirup daraus herstellen. Lösen Sie 3 kg Zucker in 4 Litern kaltem, abgekochtem Wasser auf. Geben Sie 100 g Zitronensäure aus der Apotheke hinzu und füllen Sie das Gemisch in ein großes Glasgefäß, z. B. eine Bowlenschale. Legen Sie nun in diese Mischung mindestens 12 Holunderblütendolden und zwei Scheiben Zitrone. Decken Sie das Gefäß mit einem Tuch ab und stellen es drei Tage an einen sonnigen Ort. Danach können Sie den Sirup durchsieben und in Flaschen füllen. Er ist durch den Zuckergehalt lange haltbar und schmeckt sehr erfrischend zu Mineralwasser.

Über die Holunderbeeren, die ab September/Oktober geerntet werden, habe ich unter diesem Monat etwas geschrieben.

Die Blätter des Holunders wurden früher zusammen mit Schweinefett zu Salben gegen Frostbeulen, Quetschungen und Prellungen verkocht. Abgeschabte Rinde wurde als Abführmittel benutzt. Auch wenn wir heute dafür andere Mittel benutzen, macht es uns doch deutlich, wie wichtig diese Pflanze unseren Vorfahren war.

Hans Christian Andersen hat in seinem Märchen Mutter Holunder diesem Busch auf seine Weise ein Denkmal gesetzt. Auch das uralte Volks-Märchen von Frau Holle steht in Beziehung zum Holunder. Frau Holle gilt als archaische Göttin, die unter vielen verschiedenen Namen in allen Kulturen verehrt wurde. Sie war es, die die Seelen von Tieren und Menschen nach ihrem Tod in ihr unterirdisches Reich führte. So begruben die Friesen ihre Toten stets unter Holunderbüschen, und in vielen Orten in Nordeuropa war es lange Brauch, die Toten auf Holunderzweige zu betten. Dennoch war der Holunder nicht nur Toten-, sondern auch Lebensbaum schlechthin – gab er doch den Menschen soviel segensreiche Gaben. Hyllemoer-Mutter Hollunder nennen die Dänen den Baum bis heute.

Nach vielen Märchen und Geschichten vermittelt der Holunder auch den Kontakt zur Anderswelt, zu den verborgenen Kräften und Elementarwesen. In Schweden heißt es, wer sich am Mittsommerabend unter einen blühenden Holunderbusch setzt, wird den Elfenkönig mit seinem Hofstaat vorbeiziehen sehen. Ob Sie das einmal ausprobieren? (Der Mittsommertag ist am 24. Juni – bei Ihnen blüht der Holunder vielleicht früher?) Das alte Kinderlied: *Ringel-ringel reihe, sind der Kinder dreie, sitzen unterm Hollerbusch, machen alle husch, husch, husch* weist vielleicht auf die Liebe des Menschen zum Holunder und umgekehrt hin: Tatsächlich wächst der Holunder gern in Nähe von Häusern, und früher hieß es, man müsse ihn nicht pflanzen, denn die große Göttin würde selbst den geeigneten Standort für ihn aussuchen.

Löwenzahnsirup

Im Mai findet man überall blühenden Löwenzahn. Wer einen Platz fern von Autostraßen und Hundeauslaufgebiet weiß, an dem Löwenzahn in Mengen wächst, kann einen Korb Blüten pflücken und daraus Löwenzahnsirup herstellen. Dieser soll die Leber- und Gallentätigkeit regulieren, Appetitlosigkeit und Ausschläge lindern. Wenn Sie die Zuckermenge nicht abschreckt, können Sie folgendes Rezept probieren:

1,5 kg Zucker
5 Hände voll Löwenzahnblüten
Saft von 2 großen Zitronen
1,5 l Wasser
Die Blüten werden in dem Wasser gut durchgekocht, zehn

Minuten ziehen gelassen und dann abgesiebt. Mit Zucker und Zitronensaft wird dieser Sud jetzt so lange gekocht, bis eine Art Sirup entsteht, der ganz ähnlich wie Honig schmeckt.

Aus jungen Fichtentrieben, die Sie im Wald auch roh vom Baum essen dürfen, können Sie nach dem gleichen Rezept einen Sirup herstellen, der schleimlösend und bei Erkältungen lindernd wirkt.

Blumenkränze

Kleine und größere Mädchen freuen sich über Blütenkränze, die ihre eigene Schönheit unterstreichen. Jetzt im Mai hat man endlich Gelegenheit, genug Naturmaterial für einen Kranz zu finden. Löwenzahnblüten und Gänseblümchen sind

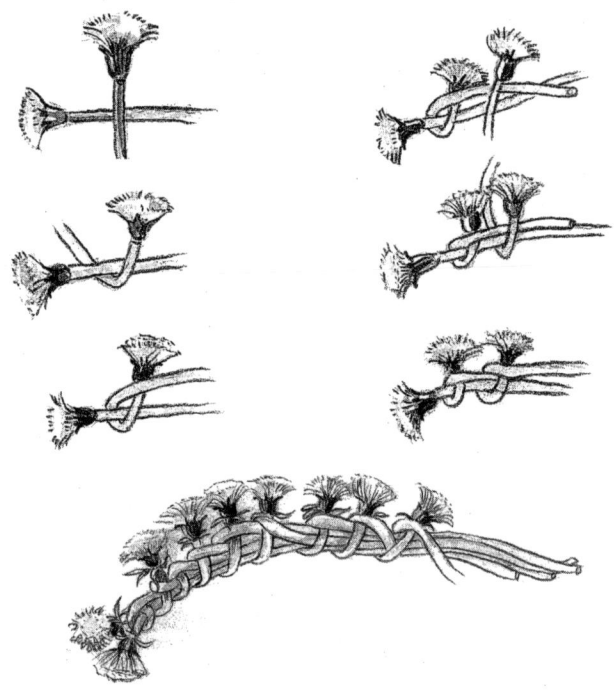

besonders geeignet dafür. Sie werden mit möglichst langem Stil gepflückt und wie hier abgebildet miteinander verbunden. Mit einem festen Grashalm werden Anfang und Ende zusammengebunden. Kränze sind Symbole der Lebenskraft und Freude und passen deshalb besonders gut in den Mai.

Lerchen lauschen

Unter all den Vögeln, die im Frühling singen, berührt uns wohl keiner so wie die Lerche. Was gibt es schöneres, als an einem Frühlingstag ihrem Gesang zu lauschen? Leider kann man ihren Jubel nur außerhalb der Städte hören, denn Lerchen brauchen das freie Feld, und ihr Gesang wird vom Männchen ausgeführt. Er gilt dem Weibchen, das unten auf den Eiern sitzt, während er über ihr im Himmel seinen Jubel erschallen läßt. Irgendwann läßt sich der kleine Vogel sinken und findet zielsicher genau die Stelle, an der sein Weibchen brütet.

Spiele mit Murmeln

Im Mai bekommen viele Lust, im Freien mit Murmeln zu spielen – aber wer weiß noch, wie das geht? Zunächst braucht man eine freie Erdfläche – und die zu finden ist in der Stadt gar nicht so einfach. Sie sollte ja auch frei von Hundekot sein. Hat man das Glück, so eine gefunden zu haben, setzt man seine Ferse auf den Boden und dreht sich so ein paarmal im Kreis. Hierdurch entsteht ein Loch, das man mit den Händen glattklopft. Von einer etwa zwei Meter entfernten Linie aus versuchen nun alle Mitspieler, ihre insgesamt acht Murmeln in das Loch zu befördern. Trifft man mit einer geraden Zahl ins Loch, erhält man für jede Murmel einen Punkt. Wer mit einer ungeraden Zahl ins Loch trifft, erhält keine Punkte.

Ganz ohne Loch kann man „andozzen" spielen. Von einer Linie aus wirft der erste Spieler eine Murmel. Der zweite muß nun versuchen, mit seiner Murmel die erste zu treffen. Schafft er das, darf er beide Murmeln behalten. Wenn er nicht trifft, ist der Gegenspieler wieder an der Reihe.

Himmel	Hölle
3	4
2	5
1	6

8
7
6 5
4
3
2
1

Himmel	
5	6
4	7
3	8
2	9
1	10

Hüpfspiele

Auf einer freien Fläche kann man dieses Spiel ganz ohne Material spielen und das Feld mit einem Stock auf die Erde ritzen. Auf gepflastertem Untergrund benötigt man Kreide. Folgende Hüpffelder werden aufgemalt:

Wer sich so verausgabt hat, mag vielleicht ein Gänseblümchenbrot probieren. Auf ein Butterbrot werden Gänseblümchen gestreut. Hast Du je ein schöneres Brot bekommen?

Kräuterspirale

An einem sonnigen Platz wird zunächst eine spiralförmige Trockenmauer aufgeschichtet. Die Innenräume werden mit kalkhaltigem Bauschutt oder Steinen aufgefüllt. Der obere Bereich der Spirale erhält mageren Oberboden und dient als Standort für wärmebedürftige und anspruchslose Kräuter wie Thymian, Salbei, Bergbohnenkraut und Majoran. Der untere, nach Norden liegende Abschnitt wird mit Kompost und Gartenerde aufgefüllt und erhält schattenverträgliche Kräuter, die mehr Nährstoffe benötigen wie Petersilie und Schnittlauch. Am Fuß der Spirale kann ein kleiner Teich für Wasserminze und Brunnenkresse entstehen.

Tierspuren von Eichelhäher und Laufkäfer

Eichelhäher

Diesen Vogel finden wir in vielen Teilen der Erde. Bei uns in Europa hat er einen rosabraunen Körper und eine auffällig schöne Flügelzeichnung aus hellblauen und schwarzen Streifen. Bei einem Waldspaziergang erkennen wir ihn leicht an seinem ärgerlichen oder warnenden Gekrächze, das auch anderen Tieren sagt: Achtung, Menschen kommen! Eichelhäher sind Rabenvögel und wie diese sehr intelligent. Sie ernähren sich von Fröschen, Eidechsen, Blindschleichen und Vogeleiern, später im Jahr auch von Baumsamen wie Eicheln, Bucheckern und Nüsse. Im Mai können wir mit Glück eine ganz besondere Spur des Eichelhähers finden: keimende Eicheln, die alle beieinander liegen.

Diese stammen aus der Vorratskammer des Vogels, die er sich im Herbst angelegt, deren Standort er dann jedoch vergessen hat.

Laufkäfer

An sandigen Stellen, auf Feldwegen oder in den Dünen können wir manchmal seltsame Muster entdecken, Linien im Sand, die sich um Pflanzen herumschlängeln oder in einem Wirrwarr verlieren. Hier war der Laufkäfer unterwegs, dessen Beinabdrücke sich in den weichen Boden millimetertief eingravieren. Während andere Käfer auch ihren Körper mit abdrucken, hinterläßt der hochbeinige Laufkäfer nur Fußspuren.

SOMMER

Weißt du, wie der Sommer riecht?
Nach Birnen und nach Nelken,
nach Äpfeln und Vergißmeinnicht,
die in der Sonne welken,
nach heißem Sand und kühlem See
und nassen Badehosen,
nach Wasserball und Sonnenkrem,
nach Straßenstaub und Rosen.

Weißt du, wie der Sommer schmeckt?
Nach gelben Aprikosen
und Walderdbeeren, halb versteckt
zwischen Gras und Moosen,
nach Himbeereis, Vanilleeis
und Eis aus Schokolade,
nach Sauerklee vom Wiesenrand
und Brauselimonade.

Weißt du, wie der Sommer klingt?
Nach einer Flötenweise,
die durch die Mittagsstille dringt:
Ein Vogel zwitschert leise,
dumpf fällt ein Apfel in das Gras,
der Wind rauscht in den Bäumen.
Ein Kind lacht hell, dann schweigt es schnell
und möchte lieber träumen.

Ilse Kleberger

Jetzt ist die Sonne nach Norden gewandert, und am 21. Juni erleben wir den längsten Tag des Jahres, wenn die Sonne ihren nördlichsten Punkt erreicht. Dieses Datum markiert den Höhepunkt der kosmischen Energie, von nun an werden die Nächte wieder länger. Dennoch steigen die Temperaturen weiter an, denn das Festland und die Meere haben sich erwärmt und geben ihre Wärme ab. Die hohen sommerlichen Temperaturen sind irdische Strahlungswärme, die Lebenskräfte erreichen ihr energetisches Maximum. Es ist die Zeit der Befruchtung und des Heranreifens. Die herumfliegenden Pollenkörner machen manchen Menschen zu schaffen, für die Natur sichern sie das Überleben in explosionsartiger Vermehrung. Zum August hin und je nach den Temperaturen und Niederschlägen wandelt sich das Kleid der Erde von frischem Grün zu dunklerem. Viele Blumen sind schon verblüht: Gold und Gelb beginnen als Farben zu dominieren, es sind die Farben der Trockenheit und Hitze, aber auch der Macht.

Wenn die Lebensenergien ihren Höhepunkt erreichen, haben viele Menschen das Bedürfnis nach einer Pause. Schulkinder dürfen sechs Wochen Ferien genießen, und fast alle Erwachsenen spannen einmal aus, um die Sonne und Wärme zu genießen. Man muß nicht unbedingt verreisen, um sich zu erholen. Allein das Sich-Einlassen auf einen natürlichen Rhythmus, der nicht von Uhren diktiert wird, kann sehr erholsam sein.

Die Wohltaten und Geschenke des Sommers werden in den letzten Jahren von Ozonwarnungen überschattet. Schon Kindergartenkinder reden vom „blöden Ozonloch" und wollen Antworten, die Erwachsene oft nicht geben können. Geht uns bald die Luft zum Atmen aus? Verbrennt unsere Haut? Es ist nicht einfach, Kindern zu vermitteln, daß sie vertrauen dürfen, auch wenn die Fakten nicht zu beschönigen sind. Unsere eigene Haltung ist hier gefragt. Was kann man tun, damit sich das Ozonloch nicht vergrößert? Und wie lebe ich Vertrauen in gute Mächte vor? Allein das bildet die Basis für kindliches Vertrauen. Ich erkläre meinen Kindern, warum ich bestimmte Produkte nicht kaufe. Das gibt ihnen das Gefühl, daß Leben beeinflußbar ist. Wir können etwas tun! Ich vertraue auch darauf, daß Menschen, inspiriert von guten Mächten oder göttlichen Kräften, Erfindungen machen werden, die uns weiterhelfen und daß wir letztendlich auch den Tod nicht fürchten müssen.

Ich habe dem Sommer das Element Wasser zugeordnet. Das ist in gewisser Weise widersinnig, weil uns doch dieses Element gerade im Sommer oft fehlt. Andererseits ist es die Zeit, in der Kinder endlich Gelegenheit haben, ausgiebig mit Wasser zu spielen – und sei es im Freibad. Kinder haben eine enge Beziehung zum Wasser. Ihr Leben beginnt in einer Blase aus Fruchtwasser, und wenn sie nicht schlechte Erfahrungen machen, genießen schon Säuglinge den Umgang mit diesem Element. Können sie sich doch hier noch einmal leicht und beweglich fühlen, während sie im Liegen mit der Erdkraft verbunden und relativ unflexibel sind. In heutiger Zeit denkt man viel über unsere Herkunft aus dem Wasser nach, und die Beschäftigung mit Walen und Delphinen, die ja als unsere nahen Verwandten gelten können, ist bei vielen Menschen eine Herzensangelegenheit. Ich finde es sehr tröstlich, daß Delphine den Menschen die Angst vor dem Wasser nehmen und Menschen helfen, ihre Lebenslust wiederzuentdecken. Nun – Delphine leben in den großen Ozeanen, und Sie haben vielleicht zu Hause nur einen Wasserhahn. Es gibt für kleine Kinder kaum schönere Spiele als die an so einem banalen Hahn! Wenn Sie noch einen Trichter und ein Sieb haben, ist das Spiel perfekt. Wasser umschütten und ausschütten ist eine Erfahrung, die jedes Kind machen muß. Und ist es nicht merkwürdig, daß dieselbe Wassermenge in einem Gefäß viel höher steht als in einem anderen?

Wenn sich Sand mit Wasser mischen darf, werden neue Erfahrungen gewonnen. Formbare Erde, Matsch und Steine sind wahrscheinlich das allerschönste Spielzeug auf diesem Planeten. Zum Glück gibt es in vielen Städten Spielplätze mit Wasserpumpen, denn die wenigsten Kinder haben das Glück, den Sommer am Meer verbringen zu dürfen, wo einem das alles geboten wird. Wasserspiele machen Freude, aber sie sind auch notwendig zum Lernen. Nur Kinder, die Spielen dürfen und die Welt im Umgang mit den Elementen entdecken und verändern lernen, werden die Schöpferkräfte entfalten können, die notwendig sind, das Leben auf dieser Erde zu erhalten.

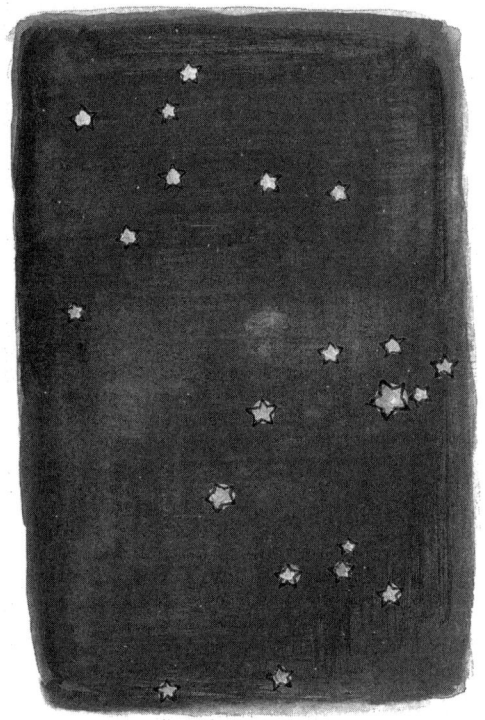

Große Mutter im Himmel – die Sterne im Sommer

Nur selten werden Kinder so lange aufbleiben dürfen, daß sie die Sterne noch sehen können. Dafür werden diese Nächte dann zu einem ganz besonderen Erlebnis.

Im Sommer finden wir den Großen Wagen oder Bären (Ursa Major) im Westen. Im Osten geht das große Quadrat des Pegasus auf. Im Süden, genau über dem Horizont, wird Antares sichtbar, der große rote Hauptstern des Skorpion.

Verlängern wir die Deichsel des Wagens zu Arcturus, erkennen wir Spica, den wichtigsten Stern in der Jungfrau. In diesem Sternenbild gibt es einen 70 Millionen Lichtjahre entfernten Galaxienhaufen, der aus über 3000 Objekten besteht. Die geflügelte Jungfrau wurde in der antiken Welt als Göttin der Feldfrüchte verehrt. Sie ist die große Jungfrau, Mutter- und Wandlungsgöttin, deren Sternbild zur Zeit der Getreideernte sichtbar ist. Sie ist die alte Göttin Ischtar, die den Getreidegott Tamuz liebt. Und jedes Jahr im Herbst, wenn er in der Blüte seiner Kräfte dahingemäht wird, trauert sie um ihn. Winter herrscht auf der Erde, wenn sie in die Unterwelt zieht, um Tamuz zurückzuholen. Danach erscheint er in jedem Frühling als frisches Grün der Aussaat wieder. Die griechische Version dieser uralten Geschichte ist die von Demeter, der Göttin, die um ihr geliebtes Kind trauert.

Zwischen Jungfrau und Skorpion ist ein grüner Stern zu finden. Es ist der zweitgrößte Stern der Waage und auch ohne Teleskop zu erkennen. Schon vor 4000 Jahren, im alten Babylon, war dieses Sternbild mit Waage bekannt. Damals hieß es, die Seelen der Toten würden gewogen, um Gericht über sie zu halten. Hatten sie gerecht und ausgewogen gelebt?

Für die Römer ging dieses Sternbild aus den Scheren des Skopions hervor. Gehalten wird die Waage von Astraea, der Göttin der Gerechtigkeit. Sie hat die Erde verlassen und hält in der Hand ihre glänzende Waage, um die Menschen an Gerechtigkeit, Harmonie und Ausgleich zu erinnern.

Juni –
helle Nächte, Freudenfeste

Wenn es eine Steigerungsform von Mai geben kann, dann ist es Juni. Diese hellen Nächte, diese Wärme und der Sonnenschein! Dieser warme Regen und der Duft von Erde und Blüten! Juno war eine etruskische Göttin, die für Heirat und Fortpflanzung zuständig war. Von ihr hat dieser Monat seinen Namen. Juno herrscht über die rein weiblichen Lebensumstände. Während die Männer einen Genius hatten, der sie lebendig und sexuell aktiv machte, war es bei den Frauen Juno, die beschützende, lebensspendende Macht weiblicher Kraft. Juno hilft uns, unsere Weiblichkeit zu genießen und unsere körperlichen und geistigen Kräfte zu entfalten. Nach einer Geschichte soll Juno, geschwängert von einer Blume, den Gott Mars geboren haben. Ja – der Juni geht mit Blumen schwanger und bringt uns den Höhepunkt des Lichtes. Dies war besonders bei den Völkern des Nordens ein Anlaß zum

Feiern. Hier, wo die Winter so dunkel und kalt sind, wird es jetzt fast gar nicht mehr Nacht. Die Mittsommerfeste sind in Dänemark und Schweden und Norwegen bis heute fester kultureller Bestandteil, wenn auch inhaltlich vieles in Vergessenheit geraten sein mag. Die Sommer-Sonnenwende findet am 21. Juni statt. Gefeiert wird jedoch der Johannitag, am 24. Juni, er liegt genau Weihnachten „gegenüber" und wurde in christlicher Zeit mit Johannes dem Täufer verbunden, der sagte: Er muß wachsen, ich muß abnehmen. Was man sowohl auf das Licht als auch auf Christus beziehen kann. Auch die kleinen roten Beeren am Strauch sind nach Johanni benannt. Schließlich werden sie in vielen Gegenden um diese Zeit reif.

Zur Zeit der Sonnenwende werden Feuer entzündet, die reinigende Kräfte haben und helfen sollen, Unglück und Krankheit zu überwinden.

Im Juni blühen vielerorts auch die wilden Rosen. Sie sind das uralte Symbol für Liebe und Schutz, Heilpflanzen für Frauen- und Herzeleid. Mit ihrer fünfblättrigen Blüte erinnert die Rose an ihre Verbindung zum Menschen, der fünf Finger und fünf Zehen hat und mit seinen Extremitäten, Arme, Beine, Kopf ebenfalls die Zahl fünf abbildet. Das Rosa der Blüte ist eine Mischung aus Rot und Weiß, aus Leben und Tod. Tatsächlich wird das ätherische Rosenöl sowohl zur Geburts- als auch zur Sterbehilfe eingesetzt. Mit seinen entzündungshemmenden, harmonisierenden und tröstenden Eigenschaften ist es ein wertvolles und kostbares Mittel in der naturheilkundlichen Behandlung. Dr. Edward Bach empfiehlt die wilde Rose zur Wiedererweckung der Lebensfreude, der schöpferischen Kräfte und Aktivität. Ohne die Blütenessenz einzunehmen, werden Sie, wenn Sie sich die Zeit nehmen, vor einer wilden Rose zu meditieren, ähnliche Erfahrungen machen: Diese Pflanze strahlt einen unglaublichen Optimismus, Liebe und Zuversicht aus, und sie zeigt uns, daß wir uns schützen dürfen und können, um unser Glück zu finden.

Mit allen Sinnen den Sommer genießen

Der Juni erlaubt uns, ganze Tage im Freien zu verbringen. Es ist die Zeit der Ausflüge und Picknicks, der Fahrradtouren und Schwimmbadbesuche. Während es für Erwachsene vielleicht zu den schönsten Erlebnissen gehört, ruhig auf einer Wiese zu liegen, sind Kinder voller Tatendrang und Aktivität. Ein See mit flachem Ufer, an dem Kinder ungefährdet spielen können oder ein ungefährliches Bächlein können jetzt zu Orten werden, an denen Kinder und Erwachsene gleichermaßen auf ihre Kosten kommen. Auf diese Weise einen ungestörten Tag zu verbringen, kann zu den schönsten Geschenken des Juni gehören. In der Natur, die uns jetzt ihre ganze Fülle offenbart, finden die Kinder – vielleicht mit etwas Anregung – genug Material zum Spielen. Sie erforschen, was alles schwimmt und was untergeht. Sie schicken ein Rindenschiffchen auf die Reise, in dem eine Heckenrosenprinzessin mitfährt, sie bauen ein Haus für Zwerge und kochen Spinat aus Blättern, sie stauen einen Wasserlauf und richten sich eine Wohnung im Grünen ein. Sie finden im Freien ein Paradies vor, aus dem sie nur Erwachsene mit Verboten, Zeitdruck und Einschränkungen vertreiben können.

Johanniskraut

Bei uns im Norden blüht das Johanniskraut erst im Juli oder August, aber wenn Sie im Süden wohnen, können Sie es zu Johanni entdecken. Diese uralte Heilpflanze ist anspruchslos und wächst an Bahndämmen, Wegrändern, Wiesenböschungen und Waldlichtungen – überall da, wo viel Sonne hinkommt. Sie wird auch Hexenkraut oder Teufelsflucht genannt – und in der Tat: Diese lichte Pflanze mit den gelben Blüten hilft, das Unheil zu vertreiben. Wir erkennen das Johanniskraut im Freien leicht, wenn wir seine grünen Blätter gegen das Licht halten. Wir entdecken viele helle Pünktchen, die das heilsame Öl enthalten. Keine andere Pflanze hat solche Blätter. Das Öl ist auch in den Blüten enthalten, die, wenn wir sie quetschen, eine dunkelbraun bis rubinrote Farbe abgeben, mit der wir auch auf Papier malen können.

Johanniskraut – Hypericum perforatum – wird auch in der Schulmedizin als Mittel gegen leichte Depressionen empfohlen. Wer es einnimmt, sollte sich nicht der prallen Sonne aussetzen, weil es die Lichtempfindlichkeit der Haut erhöht. Äußerlich angewendet ist *Johanniskrautöl* hilfreich bei allen Nervenentzündungen, Hexenschuß und anderen entzündlichen Prozessen. Wir können es selber herstellen, indem wir mit der Schere die Pflanze ein Stück unterhalb der Blüten mit den grünen Blättern abschneiden und diese dann in ein Glasgefäß mit Olivenöl legen und eine Woche lang an die Sonne stellen. Das Gefäß muß mit einem Tuch abgedeckt werden. Anschließend, wenn es seine charakteristische dunkelrote Farbe hat, wird das Öl durchgesiebt und in Flaschen gefüllt.

Tee, der uns das ganze Jahr über erhellen und aufmuntern kann, wird aus den frischen oder getrockneten Pflanzen gemacht. Wir können die Sträußchen an einem schattigen Ort zum Trocknen aufhängen und anschließend in Schraubgläser füllen. Pro Tasse nehmen wir einen Teelöffel voll frischem oder getrocknetem Kraut.

Himbeeren

Auf die süßen, aromatischen Früchte müssen wir wahrscheinlich noch einen Monat warten, bis wir sie auf Spaziergängen vom Busch naschen können oder sogar Vorräte für Marmelade, Gelee oder Sirup sammeln. Die Blätter können wir jetzt schon pflücken. Sie sind ein altes Heilmittel gegen Erkältung, Grippe, Mandelentzündung und zum Abschwellen von Geschwüren und Wunden. Am Ende der Schwangerschaft hilft Himbeerblättertee, die Geburt zu erleichtern. Die Blätter müssen in auto- und hundearmen Gegenden gepflückt werden und können frisch aufgebrüht oder getrocknet haltbar gemacht werden. Wie alle anderen Teesorten auch sollen sie an einem schattigen, trockenen Ort ausgebreitet werden, bis keine Feuchtigkeit mehr enthalten ist. Für eine Tasse Tee nimmt man wie immer ungefähr einen Teelöffel frische oder getrocknete Blätter.

Himbeermarmelade oder Gelee kocht man mit Gelierzucker im Verhältnis 1:1. Für Gelee muß man die Früchte durch ein Tuch pressen und erhält den Saft, der dann verarbeitet wird.

Himbeersirup wird so gemacht: Auf 500 g Himbeeren kommen 500 g Weinessig und 500 g Zucker. Diese Mischung wird unter Rühren zum Kochen gebracht und durch ein feines Tuch gedrückt. In Flaschen gefüllt ist der Sirup lange haltbar und ergibt mit Mineralwasser ein erfrischendes Getränk – das mir allerdings zu viel Zucker enthält.

Himbeeressig ist kinderleicht zuzubereiten: Für eine Tasse Himbeeren benötigt man eine Flasche Apfelessig. Diesen gießt man über die Früchte und läßt die Mischung drei Wochen in einem Glasgefäß ziehen. Dann wird der Essig abgesiebt und in eine Flasche gefüllt. Er gibt dem Salat ein ganz besonderes Aroma.

Blinde Karawane

Jetzt im Juni ist die Zeit für Erkundungen mit allen Sinnen draußen in der Natur. Ein besonders eindrucksvolles Erlebnis ist das folgende Spiel, das sich auch sehr gut für einen Kindergeburtstag im Freien eignet. Auf einem Waldstück spannen Sie von Baum zu Baum ein festes Seil oder eine stabile Schnur, die einen Weg durch möglichst unterschiedliches Gelände markiert. Ideal wäre Moosboden, der sich mit Laub, Nadelboden, Erde und Steinchen abwechselt. Die Kinder bekommen die Augen verbunden, halten sich mit einer Hand am Seil fest und schreiten den Weg dann barfuß ab. Probieren Sie das bitte auch selber mal aus. Es ist auch für Erwachsene ein besonderes Erlebnis. Wer keine Gelegenheit hat, in einen Wald zu fahren, kann so eine Fühlstraße für die Füße natürlich auch künstlich herstellen – im Wald gespielt macht es aber viel mehr Spaß.

Was ich höre

Wie schön ist es, sich im Sommer auf eine Lichtung zu legen und ganz still zu sein. Die Kinder dürfen eine Hand zur lockeren Faust geballt hochhalten und für jedes Geräusch , das sie mit feinen Ohren wahrnehmen, einen Finger zeigen. Erst wenn die vereinbarte Schweigezeit vorbei ist, tauschen wir uns über das Gehörte aus.

Das Erwecken der Sinne

Dieses für Erwachsene und Kinder gleichermaßen interessante Spiel kann man das ganze Jahr über spielen. Im Juni macht es aber im Freien besonderen Spaß, im Herbst und Winter kann man es drinnen mit Kerzen spielen. Ein erwachsener Spielleiter – das können bei mehreren Kindern auch mehrere sein – muß einige Vorbereitungen treffen. Auf ein schönes Tuch werden verschiedene Dinge ausgebreitet – es soll ein ästhetisch schönes Bild entstehen. Und zwar Dinge, die Geräusche machen, Dinge, die man befühlen kann, Früchte und andere eßbare Sachen. So haben wir also etwas für jeden Sinn: den Geruchs- und Geschmackssinn, den Tastsinn, den Gehörsinn und für das Auge. Die Teilnehmer dürfen das Tuch vorher nicht sehen, müssen also abseits spielen oder beschäftigt werden. Das Spiel soll so angelegt sein, daß es für die Kinder und Erwachsenen ein schönes, eindrucksvolles Erlebnis wird – nicht zum Erschrecken oder Ekeln! Die Kinder oder Erwachsenen werden mit verbundenen Augen zu einem Platz um das Tuch herum geführt. Nun läßt man an ihren Ohren mit verschiedenen Mitteln leise Geräusche oder Töne erklingen. Gesprochen wird während des ganzen Spiels nicht. Danach bekommen die Teilnehmer allerlei Gegenstände in die Hände gelegt, die sie befühlen. Es sollten möglichst unterschiedliche und die Neugier anregende Gegenstände sein wie z. B. ein Stück Baumrinde, eine Glaskugel, eine Feder, mit der man den Betreffenden kitzelt u. ä. Jetzt nimmt man die eßbaren Dinge und hält sie den einzelnen zunächst eine Weile unter die Nase. Sie ahnen nicht, wie intensiv man etwas riecht, wenn man es nicht sieht! Früchte wie Erdbeeren, Himbeeren und Johannisbeeren sind hierfür besonders geeignet, denkbar sind aber auch Blätter, z. B. von Pfefferminz, Löwenzahn, Gänseblümchen u. ä. Zum Schluß werden die Teilnehmer einander gegenübergesetzt, d. h. mit etwas Hilfe zueinander gedreht und bekommen nun gegenseitig eine Hand des anderen zum Befühlen. Wenn Sie innen spielen, kann man an dieser Stelle eine leise zärtliche Musik einschalten. Nach dieser Entdeckung bekommen alle die Augenbinden abgenommen und dürfen die ausgebreitete Pracht auf dem Tuch bewundern.

Heuschrecken und Spiele mit Blumen

Ich hoffe, Sie sind nicht von Heuschnupfen geplagt und können im Juni irgendwo im Freien eine Wiese entdecken, eine richtig schöne Wiese, kein kurzgeschorener Rasen. In dem wunderbaren Film „Microkosmos" wurde gezeigt, wieviel Leben in so einer Wiese herrscht und wieviel man entdecken kann, wenn man einmal die Perspektive wechselt und mit einer Lupe beobachtet, was sich in Höhe unserer Füße alles bewegt.

Heuschrecken zum Beispiel sind faszinierend. Kaum fünf Zentimeter lang, können sie doch mehrere Meter weit springen Hierzu spannen sie ihre Muskeln an den Hinterbeinen an und fixieren sie, indem sie den Unterschenkel ein wenig gegen den Oberschenkel verdrehen. Wenn sie diese Fixierung plötzlich aufheben, katapultieren sie sich fort – ähnlich wie bei einer Zwille bzw. einem Katapult. Das Heuschreckenkonzert ist auf sommerlichen Wiesen weit zu hören. Können Sie die Stimmen und Rhythmen beim genauen Zuhören unterscheiden? Das typische Geräusch entsteht, wenn das Insekt seine muskulösen Hinterbeine über die harte Kante einer Leiste am Vorderflügel reibt. Dieses Konzert veranstaltet das Männchen für seine Dame. Erst wenn er ihm lange genug etwas vorgespielt hat, darf er sich zur Paarung huckepack auf sie setzen. Wenn Sie eine kleine Heuschrecke ohne Flügel entdecken, handelt es sich um ein Kind. Die winzigen Tierchen schlüpfen aus Eiern und häuten sich bis sie groß werden fünfmal.

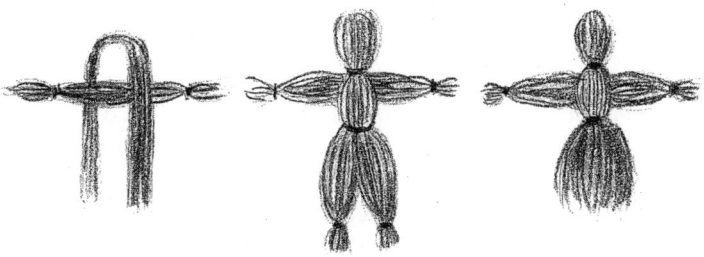

Aus Gras lassen sich aber auch einfache Püppchen zum Spielen herstellen. Zum Binden eignet sich ein fester Grashalm oder starker Zwirn.

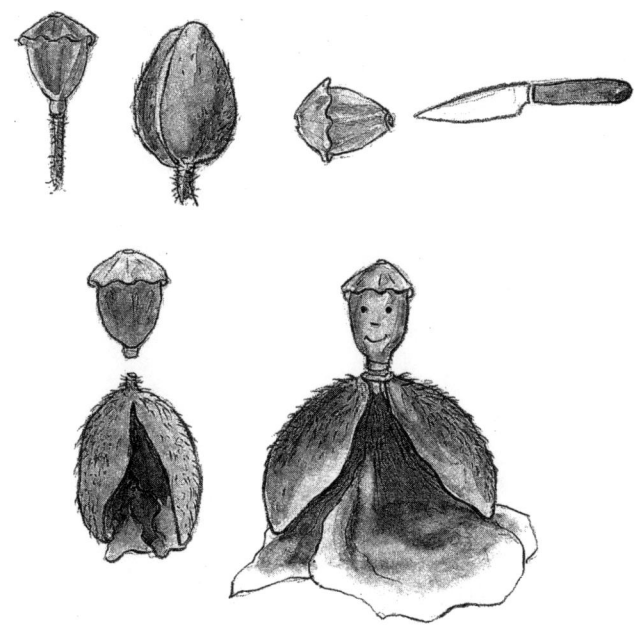

Auch aus Mohnblumen, die man hin und wieder noch am Feldrain, oft jedoch in Gärten findet, lassen sich niedliche „Prinzessinnen" herstellen. Hierzu schneidet man eine Mohnknospe mit einem Zentimeter Stil und eine Samenkapsel von einer bereits verblühten Blume ab. Die Samenkapsel bildet den Kopf der hübschen Dame, die Knospe, mit der Öffnung nach unten, das Kleid. Die Kapsel wird als Kopf auf den Knospenstil gesteckt (dazu müssen wir ein Loch in die Kapsel bohren), und aus der Knospe holen wir vorsichtig das wunderschöne Kleid hervor. Das ist fast wie bei Aschenputtel, die ihre Kleider aus einer Nuß bekam. Wer möchte, kann mit wasserfestem Filzstift ein Gesicht aufmalen. Aus den Blüten von Glockenblumen oder anderen kelchförmigen Blüten können die Damen noch Hüte bekommen. Aus nur einer Blüte können wir ein Püppchen zaubern, wenn wir die roten Blütenblätter nach unten biegen und mit einem Faden eine Taille abschnüren. Wer Arme möchte, kann zuvor noch einen festen Grashalm unter der Kapsel vorsichtig durch die Blütenblätter schieben. Die Samenkapsel ist jetzt wieder der Kopf.

Diese Püppchen können an Steintischen essen und in Streich-
holzschachteln oder Hängematten – ein Blatt wird zwischen
zwei Grashalme gebunden – schlafen.

Rätsel

Ich steh im Gras an einem Ort,
erst gelb, dann weiß,
dann flieg ich fort.

(Löwenzahn)

Tierspuren von Wiesenschaumzikade
und Sturmmöwe

Spucke oder Eierschnee?
   An Grashalmen entdeckt man jetzt häufig weißen Schaum,
fast wie hingespuckt. Darunter verbergen sich die Larven der
Wiesenschaumzikade. Der Schaum entsteht, indem die Larve
den Saft der Pflanze wieder ausscheidet, mit Atemluft voll-
pumpt und mit Eiweißstoffen stabilisiert. Auf diese Weise ist
sie vor Feinden und vor zu viel Hitze geschützt.

117

Sturmmöwe

Wer an Kanälen, auf Feldern oder Müllplätzen große weiße Vögel mit schwarzen Flügelspitzen in Scharen bemerkt, hat bestimmt Sturmmöwen gesehen. Man sagt, daß sie besonders vor Stürmen in Massen auf Äckern sitzen und wohl daher ihren Namen haben. Weil diese Vögel „alles" fressen, d. h. sowohl Pflanzliches als auch Fleisch und Aas, findet man sie auf Mülldeponien oder Schulhöfen, wo sie die Papierkörbe nach alten Schulbroten durchwühlen. Im weichen feuchten Boden erkennt man ihre Fußabdrücke leicht: Sie haben Schwimmhäute zwischen den Zehen, die Spur ist ungefähr vier Zentimeter lang, die Schrittweite 10–20 Zentimeter. Sturmmöwen hinterlassen auch Speiballen, die wie Würstchen aussehen und ungefähr sechs Zentimeter lang sind.

Juli –
Zeit der Reife, Sommer pur

„Fragen wir einen Menschen,
der, auf einer Hochtour begriffen,
das Alpenglühen erlebt und
von der ganzen Herrlichkeit der Natur
so ergriffen ist, daß es ihm einfach
kalt über den Rücken läuft –
fragen wir doch einmal ihn,
ob nach einem solchen Erleben
sein Leben noch jemals gänzlich
sinnlos werden kann."

Viktor E. Frankl

Zu Juli fällt mir träge Faulheit ein. Die Ärmsten, die jetzt arbeiten müssen!

Zum Glück ist dieser Monat bei den meisten Menschen mit Ferien und Erholung verbunden. Die Temperaturen steigen noch weiter an und erreichen in den Hundstagen am 23. Juli ihren Höhepunkt. Diese Tage werden so genannt, weil der Sirius, den man auch Hundstern nennt, an diesem Tag bis zum 22. August gleichzeitig mit der Sonne aufgeht. Neben dem Februar mit seinem Schnee und Frost ist der Juli in Mitteleuropa für anfällige Menschen ein gefährlicher Monat mit seiner Hitze und Schwüle. Auch Pflanzen und Tiere leiden unter den Temperaturen, und man kann eigentlich nichts Besseres tun, als in dieser Zeit den Ort zu wechseln und in gesunder Luft das Leben zu genießen, zumindest aber „kürzer zu treten".

Wunderbar ist der Duft der frisch gemähten Wiesen und der Linden, die um diese Zeit selbst den Autogestank in den Städten überbieten. Es ist auch die Zeit der langen lauen Nächte, in denen die Straßencafés bis Mitternacht überfüllt sind und niemand Lust hat, schlafen zu gehen. Noch eine andere Köstlichkeit bietet der Juli: Kirschen, eine der wenigen Früchte, die man nicht das ganze Jahr über bekommen kann. Kirschen zu essen und Wettspucken mit den Kernen zu veranstalten gehört zu Kindheitserinnerungen, die man niemandem vorenthalten sollte. Das Essen dieses Kernobstes, das niemals hektisch vor sich gehen kann, sondern von selbst zum langsamen Genießen ermuntert, scheint für den Monat wie geschaffen. Es ist ein Monat des Reifens und Austragens, der Geduld und Beständigkeit. Er mahnt uns zum Innehalten. Ruhen im Schatten der Bäume, irgendwo am Wasser.

Eine weitere Köstlichkeit dieses Monats sind Blaubeeren, die man in manchen Gegenden noch im Wald, überall um diese Zeit aus Gärten gezogen auf Märkten findet. Blaubeeren helfen hervorragend bei Durchfall, vor allem aber schmecken sie gut.

Interessant ist, daß kein einziges traditionelles Fest im Juli, der früher Heumond hieß, gefeiert wird. In diesem Monat waren die Menschen früher mit der Heu- und Getreideernte beschäftigt und hatten keine Zeit für Zeremonien und Feierlichkeiten. Vom Einbringen der Ernte hing schließlich das ganze weitere Leben ab. Auch heute arbeiten die in der Landwirtschaft Beschäftigten um diese Zeit täglich zwölf Stunden und mehr – an Urlaub ist gar nicht zu denken. Erntehelfer werden jetzt überall gesucht, und wer sich als Stadtmensch einmal mit dem Landleben befassen möchte, wird jetzt die beste Gelegenheit dazu haben. Für größere Kinder und Jugendliche kann das zu einem echten Erlebnis werden.

Im Wald ist es jetzt an vielen Stellen urwaldartig grün. Wo es Wasser gibt, sind aus Millionen von Mückenlarven lästige Plagegeister geschlüpft. Ich erkläre meinen Kindern immer, das jedes Tier – wie jeder Mensch – auf dieser Welt seine Aufgabe hat. „Wozu sollen Mücken denn gut sein?", werde ich dann immer wieder gefragt. Als Futter für die Singvögel und Schwalben, die sich jetzt für ihren Abflug im Herbst stärken müssen.

Ein Mensch bemerkt mit bittrem Zorn,
daß keine Rose ohne Dorn.
Doch muß ihn noch viel mehr erbosen,
daß sehr viel Dornen ohne Rosen.

Eugen Roth

Schafgarbe: Heilkraut und Färberpflanze

Auf Spaziergängen an Wegrändern und natürlichen Wiesen werden Sie jetzt überall die weißen Blütendolden der Schafgarbe entdecken.Weil sie auch häufig auf Schafweiden zu finden ist, heißt sie so. In Gärten finden Sie diese Pflanze auch in den Farben gelb, rosa, violett und rot. Sie ist dann größer und kräftiger als die wilde Schwester, hat aber nicht mehr die Heilkraft der Wildpflanze. Was ist das Besondere an dieser

121

Pflanze, deren lateinischer Name Achillea millefolium ist? Achilles, der Held, heilte mit ihr seine Wunden und stillte sein Blut, nachdem er in der Schlacht von Troja verletzt wurde. Aber auch in Asien, Neuseeland, Australien und Nordamerika kennt man diese Pflanze – und überall wurde sie verehrt, war den Menschen heilig. Die Pflanze wirkt als Tee krampflösend und entzündungshemmend, sie lindert Blähungen und hilft bei Magenkrämpfen und zur Anregung der Verdauung. Mit einem Schafgarbenkräuterbad kann man auch Hämorrhoiden, Blutergüsse und Akne lindern. Millefolium, der zweite lateinische Name der Pflanze, bedeutet tausendblättrig und bezieht sich auf die Feingliedrigkeit der Blätter. Im Frühling können wir die feinen Blättchen gut aufs Brot oder in Salat essen. Sie enthalten viele Vitamine und Mineralstoffe. Für Tee können wir jetzt die ganze Pflanze – vorausgesetzt wir sammeln in einer von Hunden und Autos noch recht unberührter Landschaft – mit der Schere abschneiden und als Strauß oder kleingeschnitten trocknen.

Die Stäbe für das berühmte I Ging-Orakel werden ebenfalls aus Schafgarbenstengeln hergestellt. Und wenn Sie Wolle oder Seide selber färben wollen: 200 g getrocknete Schafgarbe oder 600 g frische werden 2 Stunden lang in 4 Litern Wasser eingeweicht und dann 2 Stunden lang gekocht, abgekühlt und abgesiebt. Mit 15 g Alaun (ungiftig und in Apotheken erhältlich) können Sie dann 100 g Wolle oder Seide wunderschön gelb färben. Hierzu wird das Textilmaterial angefeuchtet und in fünf Liter warmes Wasser mit dem aufgelösten Alaun gelegt und langsam zum Köcheln gebracht. Über Nacht muß die Wolle jetzt auskühlen. Sie wird dann herausgenommen. Jetzt wird die Wolle in den Farbsud gelegt, immer wieder gewendet und eine Stunde sanft gekocht. Danach muß sie wieder abkühlen und dann mit Wollwaschmittel vorsichtig gewaschen werden, damit die überschüssigen Farbreste herauskommen.

Mit schwarzem Tee (braun), Rainfarn (grüngelb) und Zwiebelschalen (hellbraun) erhalten Sie weitere Farbtöne. Rote Rüben ergeben eine wunderbares Purpurrot.

Spiele mit Wasser und Blumen, Sonne und Schatten

Jetzt ist auch die Zeit für Wasserspiele. Vorsichtige Kinder dürfen Weingläser haben, die unterschiedlich hoch mit Wasser gefüllt werden. Mit einem dünnen Holzstab werden die Gläser vorsichtig angeschlagen und die Töne mit mehr oder weniger Wasser verändert. Was klingt hoch, was klingt tief? Einfache Marmeladen-Gläser klingen auch, allerdings nicht ganz so schön. Wenn man mit feuchten Fingern über die Ränder der Weingläser reibt, entsteht ein singender Ton. Auf diese Weise kann man sich eine Glasharfe bauen und wunderschöne, meditative Musik hervorzaubern.

Wer eine Treppe im Freien hat, kann mit den Kindern eine herrliche Wasserleitung von oben nach unten bauen. Hierzu brauchen Sie Konservendosen, die mit einer Ahle oder Milchdosenlocher kurz über dem Boden vorgelocht werden. Als Schlauch benutzen wir Löwenzahnstengel, die man durch Ineinanderstecken beliebig verlängern kann. Das Wasser wird so von der obersten Dose in die unterste geleitet.Wer keine Treppe hat, kann natürlich mit Stühlen, Eimern und Hockern eine Treppe bauen.

Ein seltsames Wurfgeschoß kann man aus zwei Luftballons herstellen. Man steckt einen kleineren in einen größeren, und zwar so, daß man in ihn noch Wasser einfüllen kann. Wenn das geschehen ist, wird er zugeknotet und in dem größeren Luftballon versenkt. Dieser wird jetzt aufgeblasen und ebenfalls zugeknotet. Wetten, daß man mit diesem Ball kein Ziel trifft?

Interessant ist auch folgendes Spiel, für das man eine größere Schüssel, Geld und Wasser benötigt. In die gefüllte Schüssel legt man ein Geldstück. Die Mitspieler erhalten Pfennigstücke und versuchen, das bereits liegende Stück damit zu treffen. Das ist sehr schwer.

Lustig ist der folgende Wettkampf mit Schwämmen und Wassereimer. Hierzu braucht man zwei Eimer und zwei Schwämme pro Gruppe. Ein Eimer ist halb gefüllt und steht am markierten Start, der andere ist leer und steht am Ziel. Die Läufer tauchen nacheinander den Schwamm in den Eimer, laufen zum Ziel, drücken den Schwamm aus und übergeben ihn am Start dem nächsten. Jede Gruppe läuft so lange, bis der Eimer am Start leer und der am Ziel gefüllt ist.

Am liebsten spielen Kinder mit Wasser und Sand. In großen Städten findet man auf Abenteuerspielplätzen oft Wasserpumpen an Sandplätzen. Diese Kombination kann Kinder stundenlang zu kreativen und konzentrierten Spielen anregen. Wer keinen solchen Spielplatz in der Nähe hat und auch nicht ans Meer fahren kann, sollte sich ein Maurerfaß aus dem Baumarkt holen und auf dem Balkon oder Hof mit Wasser gefüllt aufstellen. Mit Trichtern, Schläuchen und Kochtöpfen erfinden die Kinder auch hier eigene Spiele. Mit verschiedenen Materialien: Korken, Steine, Holz u. ä. können sie selber erforschen, was sinkt und was nicht.

In vielen Gärten blüht jetzt der Phlox. Seine kräftigen Farbtöne ermuntern uns, Ketten aus den einzelnen Blütchen zu bilden.Wenn man sie abzupft und ineinandersteckt, geht das ganz einfach.

Am Wegrand blühen jetzt vielfach Gräser. Auf Spaziergängen kann man im Scherz fragen: Willst du Hahn oder Henne? Nun streift man von einem Rispengras die Samen mit Daumen und Zeigefinger nach oben. Gucken lange Samenstände heraus, ist es Hahn (seine langen Schwanzfedern). Ist es ein kurzes Sträußchen geworden, ist es Henne.

Vom Breitwegerich, der jetzt überall wächst, kann man erfahren, wieviel Kinder man bekommt. (Das ist natürlich nur ein Scherz!) Wenn man ein Blatt abreißt, hängen aus dem Stil mehrere oder nur ein Faden heraus. Beobachten Sie aber auch einmal, wie der Breitwegerich wächst. Im Halbschatten hat er seine Blätter aufgestellt, in praller Sonne liegen sie dagegen flach am Boden. Löwenzahn macht das übrigens genauso. Wenn Sie die Pflanze ausgraben und an anderer Stelle wieder einpflanzen, verwandelt sie sich entsprechend des Standortes. Die Samen des Breitwegerich sind winzige Nüßchen. Sie sind verwandt mit Dinkel, einem Korn (aber keinem Getreide!), das von Hildegard von Bingen, der großen Heilerin, sehr geschätzt wurde und auch heute wieder vielfach verwendet wird. Breitwegerich ist außerdem ein Anzeiger für nährstoffreichen, stark verdichteten Boden.

Noch etwas mehr zu den Kirschen, die man jetzt pflücken oder kaufen kann: Nachdem sie im Mai so wunderbar geblüht haben, schenken sie uns jetzt ihre Früchte. Mit ihrem Hell bis Dunkelrot, ihrer glänzenden Prallheit und ihrem wunderbaren Geschmack sind sie ein Symbol von kecker, heiterer Erotik und Schönheit. Ein „roter Kirschenmund" ist unbedingt zum Küssen da. Klar, daß dieser Baum mit Weiblichkeit und dem Mond verbunden ist. Schließlich tanzen unter ihm im Mai bei Vollmond Elfen. Kirschbäume wurden früher häufig nach der Geburt eines Mädchens gepflanzt. Als Opfergaben sollten Kirschen, die Mutter Erde übergeben wurden, Fruchtbarkeit und Schönheit bringen.

Wieviel Spaß haben die Kinder, wenn sie sich Ohrringe aus Kirschzwillingen anhängen dürfen! Wilde Kirschen gab es in Europa schon in der Jungsteinzeit. Die köstlichen Herzkirschen brachte erst ein römischer Feldherr, der ausgerechnet Lucullus hieß, 74 vor Christus aus Kleinasien mit. Bis heute werden besonders leckere Speisen nach ihm „lukullisch" benannt, während man seine Siege auf den Kriegsschauplätzen längst vergessen hat.

In Asien, besonders in Japan, sind Kirschen bis heute geheiligte Bäume. Zur Zeit der Kirschenblüte werden ganze Betriebe geschlossen, damit die Mitarbeiter Gelegenheit haben, mit ihren Familien die Schönheit der Bäume zu bewundern.

In der japanischen Mythologie ist der Kirschbaum eines der

wichtigsten Symbole. Einer auf Wahrheit beruhenden Erzählung nach geriet im 14. Jahrhundert der Kaiser Go-Daigo in die Hände des Gegners. Sein treuer Samurai Kojima wollte ihn ermutigen und heimlich ins Exil begleiten. Wie aber sollte er mit seinem geliebten Oberhaupt Kontakt aufnehmen? Weil der Samurai wußte, daß Go-Daigo Kirschbäume über alles liebte, hatte er folgende Idee. An einem bedeutenden Gasthof auf dem Weg ins Exil stand ein Kirschbaum. Hier müßte der Kaiser vorbeikommen, und bestimmt würde er es nicht versäumen, den schönen Baum zu betrachten. Kojima löste heimlich einen Streifen der Rinde und schrieb auf den weichen Bast darunter eine ermunternde Botschaft an den Kaiser. Tatsächlich fand Go-Daigo diese Nachricht und konnte später mit Kojimas Hilfe aus der Gefangenschaft fliehen.

Wer viele Kirschen ißt und sich gründlich im Weitspucken geübt hat, kann sich überlegen, ob es sich nicht lohnt, die Kerne zu sammeln. An der prallen Sonne gründlich getrocknet, kann man sie in Stoffkissen nähen und erhält so ein Kirschkernkissen, das, im Backofen erwärmt, als Auflage bei Hexenschuß und Verspannungen gute Dienste leistet.

Bei Sonnenschein können wir unseren Schatten besonders gut sehen. Verändert sich der Schatten im Laufe des Tages? Beim Schattenfangen kommt es darauf an, auf den Schatten des Mitspielers zu treten. Wir können dabei necken, indem wir eine Hand ausstrecken und blitzschnell zurückziehen. Wir sind gefangen, wenn es dem Fänger gelingt, auf unseren Schatten zu treten.

Größere Kinder können erfahren, wie man die Gebäudehöhe oder die Höhe eines Baumes mit Hilfe eines Meterstabes und dem Ausmessen des Schattens errechnet. Der Meterstab wird neben dem Baum oder Gebäude aufgestellt. Seine Höhe nennen wir S, Stockhöhe. Den Schatten dieses Stabes nennen wir M. Ihn messen wir aus. Den Schatten des Gebäudes oder Baumes nennen wir L. Er wird ebenfalls ausgemessen. Die Gebäudehöhe H errechnen wir, indem wir L durch M teilen und mit S malnehmen.

$$H = \frac{L}{M} \times S$$

Rätsel

Du siehst ihn stets bei Sonnenschein.
Am Mittag ist er kurz und klein
und wächst bei Sonnenuntergang
und wird gar wie ein Baum so lang.

(Schatten)

Geht durch das Wasser und netzt sich nicht,
Geht durch das Feuer und brennt sich nicht,
Geht durch die Spalten und klemmt sich nicht,
Geht durch das Laub und raschelt nicht.

(Der Sonnenschein)

Tierspuren von Eichenblattwespe und Distelfink

Eichenblattwespe

Unter Eichenblättern finden wir im Sommer manchmal merkwürdige runde murmelähnliche Gebilde. Das sind die Galläpfel der Eichenblattwespe. Diese „Gallen" entstehen, wenn das Insektenweibchen in die Blätter einsticht, um ihre Eier dort abzulegen. Die Pflanze reagiert darauf mit einem krebsartigen Wachstumsprozeß, der wiederum den Insektenkindern als Geburtort, Wohnraum, Futterlieferant und Verpuppungsstube dient. Die Gallen von verschiedenen Insekten sehen sehr unterschiedlich aus. Gallwespen, Gallmilben, Galläuse und Gallmücken bilden ebenfalls solche „Gallen" an anderen Pflanzen. Die Eichengallwespe ist nur einen halben Zentimeter groß – ihre Galle kann den fünffachen Durchmesser haben. Das kann man allerdings erst im Dezember sehen, wenn sie „reif" sind.

Distelfink

Disteln findet man jetzt überall, und ihre hellen Samenstände sind eine Delikatesse für den Vogel, der seinen Namen von dieser Pflanze hat: der Distelfink. Dieser hübsche, auffällig bunte Vogel mit einem roten Streifen im Gesicht und gelb-schwarzen Flügeln zerpflückt die Samenstände mit seinem pinzettendünnen Schnabel. Löwenzahnsamen mag er auch.

August –
goldener Sommerausklang

Jetzt spüren wir den Sommer mit aller Macht. Gleichzeitig fühlen wir seinen Abschied: Die Tage werden schon wieder kürzer, viele Blumen haben ausgeblüht, und die dunkelgrünen Bäume mit ihren sichtbaren Früchten zeigen uns, das der Herbst naht. Am Morgen ist das Gras ganz feucht, und manchmal ziehen Nebel über die Wiesen.

Die Hitze des Sommers kommt von der Erde. Während im Frühling die kosmische Energie der Sonne Wärme bringt und am 21. Juni mit der Sommersonnenwende ihren Höhepunkt erreicht, strahlen im Sommer Erde und Meere die geschenkte Wärme ab. Die hohen Sommertemperaturen sind keine kosmische Strahlungswärme, sondern irdische. Daher sind selbst die Nächte jetzt angenehm warm. Die Natur empfängt die Wärme nicht mehr aus dem Himmel, sondern aus sich selbst heraus. Jetzt ist die Zeit der Getreideernte, der Farben Gelb

129

und Gold. Bei unseren Vorfahren hieß der Monat Ernting oder Erntemond.

In den Städten steht oft die Hitze in den Straßen, Gewitter bringen Erleichterung von schwülen und drückenden Tagen.

Kein Wunder, das die Germanen diesen Monat Thor weihten, dem Donnergott, der um diese Zeit häufig mit seinem Wagen über die Himmelsflure zieht und es blitzen und donnern läßt.

Seinen Namen erhielt der Monat jedoch vom Kaiser Augustus, der viele seiner Schlachten im August siegreich beendete. So ist der Monat mit Macht verbunden. In der Astrologie ist es der Löwe, der König der Tiere, der dem Sternzeichen der in diesem Monat Geborenen seinen Namen gab.

Der Sommer ist mächtig, und auch ein König kann mächtig sein. In frühen Zeiten wurden jedoch die Besten Könige, diejenigen, die sich durch besondere, gute Eigenschaften aus der Gemeinschaft hervorhoben. Gold, eine Farbe, die wir im August häufig sehen, erinnert uns ebenfalls an Könige und Reichtümer, wir denken dabei jedoch auch an etwas Edles, wirklich Wertvolles. Gold ist ein Symbol für höchste Werte, für Sonnenglanz und geistige Entwicklung.

Golden sind die Getreidefelder, die im August geerntet werden. Gold kann man genausowenig wie Geld essen, Getreide schon. Wissen unsere Kinder noch, was alles aus Getreide gemacht wird?

In den alten Zeiten, als man der Erde noch dankbar war und sie wie eine Mutter verehrte, war das Getreide ein Geschenk der Erdgöttinnen, die je nach Landschaft und Kultur unterschiedliche Namen hatten. In den ägyptischen Hochkulturen hieß sie Isis, bei den Griechen Demeter.

Als der englische Archäologe Howard Carter im Jahre 1922 die Grabkammer des 1336 vor Christus verstorbenen Königs Tutanchamun öffnen ließ, fand er eine flache Holzform in Gestalt von Isis Gemahl, Osiris. Dieser Kasten war mit Gerste ausgesäht, die acht Zentimeter hoch gekeimt war. Ein Symbol der Auferstehung, genau wie der Ackerbau, bei dem es immer wieder um säen und ernten, Schöpfung und Zerstörung geht.

Die ersten Getreidesorten stammen übrigens aus Wildgräsern des Nahen Ostens, die vor rund zehntausend Jahren zum ersten Mal angebaut wurden. Bis ins 18. Jahrhundert hinein war Getreide bei uns Grundnahrungsmittel – erst dann wurde es von der Kartoffel, die im 16. Jahrhundert nach Europa kam, abgelöst

Der 15. August erinnert an Maria Himmelfahrt. Weil die Festlegung der Tage für Säen und Ernten in alten von Muttergottheiten geprägten Kulturen selbstverständlich Frauensache war, hat sich vielleicht der Glaube gehalten, daß Kräuter, die an diesem Tag gesammelt werden, besonders heilkräftig sind. Generell gilt, daß Vollmondtage die günstigsten zum Sammeln und Ernten von Heilpflanzen sind.

Von Getreide und Sonnenblumen

Wo ist das nächste Getreidefeld? Was für Getreide ist das? Ein besonderes, wenn auch sehr anstrengendes Erlebnis ist, einem Bauern beim Stroheinfahren zu helfen.

Nehmen Sie ein paar Ähren mit nach Hause, und pulen Sie gemeinsam mit Ihren Kindern die Körner heraus. In einem Mörser können Sie diese zerkleinern, noch ursprünglicher geht es mit einem flachen, leicht schalenförmig gewölbten Stein, auf dem sie mit einem runden Stein klopfen und reiben. Wenn sie weder Mörser noch geeignete Steine finden, können sie die Körner auch in ein sauberes Tuch legen und mit dem Hammer zerschlagen.

Was kann man aus Getreide alles herstellen?

Und worin unterscheiden sich die Getreidearten?

Für die folgenden Rezepte kaufen Sie am besten Getreide im Bioladen oder Reformhaus. Sehr empfehlenswert ist der Kauf einer einfachen Mühle und einer Flockenquetsche. Damit können sich Kinder selber Hafer-, Weizen-, Gersten- oder Roggenflocken herstellen.

Das grob gemahlene oder gequetschte Getreide über Nacht einweichen und am Morgen mit frischem Obst und Sahne oder Milch als Müsli essen.

Süßlich und gut schmecken auch *Weizenkeime*. Hierzu legen Sie die Körner in eine mit Wasser gefüllte Schale und spülen sie täglich mehrmals durch. Nach ca. vier Tagen zeigt sich ein Keim, der dann mit dem Korn ein wertvolles Nahrungsmittel ist.

Kraftknödel werden ebenfalls aus unbehandeltem Weizen hergestellt. Dazu mahlt man die Körner frisch. Auf 250 Gramm grobes Mehl gibt man vier Eßlöffel Honig und einen Eßlöffel Nußmus und knetet die Masse gut durch. Anschließend werden daraus ungefähr 20 kleine Knödel geformt, die Kraft geben. Weitere Zutaten können Butter, Vanille oder Zimt sein.

Hefeteig läßt sich auch aus frisch gemahlenem Getreide herstellen. Auf ein Pfund Mehl nimmt man ein Stück frische oder eine Tüte Trockenhefe, eine Prise Zucker, einen Teelöffel Salz und so viel handwarmes Wasser, daß ein fester, aber feuchter Teig entsteht, der gut durchgeknetet wird. Diesen stellt man zugedeckt an einen sonnigen oder warmen Platz. Nach ungefähr 20 Minuten kann man ihn für eine Pizza ausrollen oder zu Brötchen verarbeiten.

Wenn die Kinder helfen, diese zu formen oder die Pizza mit Gemüse, pürierten Tomaten und geriebenem Käse zu belegen oder die Brötchen mit Nüssen und Kernen zu verzieren, schmecken sie nochmal so gut.

Sonnenblumen

Die im Mai gesäten Sonnenblumen bieten jetzt einen herrlichen Anblick. Es gibt wohl kaum ein schöneres Symbol des späten Sommers. Zweifellos ist sie die Königin unter allen Korbblütengewächsen, zu denen auch Kamille, Margerite und Gänseblümchen gehören. Mit ihrem bis zu 50 cm Durchmesser großen Blütenstand, der aus vielen kleinen Einzelblüten besteht und ihrer bis zu drei Meter hohen Größe ist sie eine wahrhaft stattliche Königin. Eine tiefe Pfahlwurzel und viele Seitenwurzeln halten die Pflanze fest in der Erde. Die gelben äußeren Zungenblüten erinnern uns auch bei Regenwetter an das Strahlen der Sonne. Und genauso malen auch unsere Kinder die Sonne – übrigens überall auf der Welt gleich: ein Kreis, von dem nach allen Richtungen Strahlen abgehen. Die Ureinwohner Lateinamerikas kennen diese Pflanze seit dreitausend Jahren und verehren sie als Symbol des Sonnengottes. Die Azteken schmückten ihre Tempel mit wunderschönen Sonnenblumen aus Gold und krönten ihre Priester mit dieser Pflanze. Spanische Konquistadoren brachten die Samen 1569 mit nach Europa, und seitdem kann man sich auch bei uns dieser Pflanze erfreuen, die übrigens auch auf einem sonnigen Balkon gedeiht.

Als Königin verfügt die Sonnenblume natürlich auch über großen Reichtum, den sie in ihren Früchten speichert. Die Sonnenblumenkerne, die für Menschen und Tiere gleichermaßen nützlich sind und viel gutes Öl enthalten, sind geballte Lebensenergie, die uns die Pflanze großzügig schenkt. Das Öl enthält wenig Cholesterol und ist deshalb ausgezeichnet zum Kochen und für Salate geeignet. Hühner, die Sonnenblumenkerne zum Fressen bekommen, legen mehr Eier. Man bedenke, wieviele Samen aus einem einzigen Samenkorn entstehen. So multipliziert die Natur. Schulkinder haben vielleicht Lust, das einmal auszuzählen? Man könnte sogar ein Rätsel daraus machen und für den besten Schätzer einen Sommerpreis vergeben.

Es ist eine liebevolle Geste, mindestens eine Sonnenblume für die Vögel stehenzulassen. Sie holen sich im Winter die Kerne aus diesem natürlichen Futterhäuschen ganz allein.

Menschen nutzen die Sonnenblume noch weiter aus: Das Öl der zweiten Pressung wird für Seifen und Kerzen benutzt. Der Stengel der Pflanze enthält Fasern, die zur Papierherstellung und für Textilien verwendet werden. Die Blätter werden zu Kräutertabaken verarbeitet, die Knospen wie Spargel gegessen. Aus den Samen läßt sich eine harntreibende Medizin her-

stellen. Sie wurden auch zur Behandlung von Husten, Keuch-
husten und Bronchitis benutzt. In der Türkei und im Iran stellt
man eine Tinktur aus den Samen her, mit der Fieber und
Schüttelfrost gelindert werden.

Was können wir mit Sonnenblumen noch anfangen?
Sonnenblumenöl kaufen und dem Kind eine Kleinigkeit zum
Probieren geben. Manche Heilkundige, die sich auf Ayur-
Veda, die alte indische Lehre vom gesunden Leben berufen,
schwören darauf, den Mund mit Sonnenblumenöl eine Weile
auszuspülen und es dann auszuspucken. Ölziehen nennen sie
das. Es nimmt offenbar Bakterien und schlechte Energien mit
sich fort.

Sonnenblumenkerne ins Müsli geben

Apfel-Sonnenblumenkuchen backen:

Man benötigt:
50 g Rosinen
200 g Butter
80 g Honig
je eine Prise Salz und Zimt
2 Eier
175 g Weizenmehl, möglichst frisch gemahlen
1 1/2 Teelöffel Weinstein Backpulver
75 g Sonnenblumenkerne
700 g säuerliche Äpfel
2–3 Eßlöffel Apfeldicksaft oder Ahornsirup

Zuerst wird die Butter mit Honig, Salz und Zimt schaumig
gerührt. Nun werden nacheinander die Eier, das Mehl löffel-
weise und das Backpulver untergerührt. Jetzt fügen Sie Rosinen und Sonnenblumenkerne hinzu und rühren alles noch
einmal gut durch.
    Dieser Teig wird in eine gefettete Springform gegeben. In
diesen werden die geviertelten und geschälten Äpfel gedrückt,

deren nach außen gewölbte Seite einige Male eingeritzt werden kann. Der Kuchen kommt nun in den auf 175 Grad vorgeheizten Backofen auf die zweite Leiste von unten. Nach 50–60 Minuten wird er herausgenommen und mit Apfeldicksaft oder Ahornsirup bestrichen.

Sonnenblumenbrötchen backen: Hierzu stellt man einen Hefeteig her und gibt eine Handvoll Kerne in den Teig. Die fertig geformten Brötchen werden in Sonnenblumenkernen gewälzt.

Sonnenblumenfest:

Im Kindergarten oder an einem Kindergeburtstag mit Sonnenblumen feiern. Hierzu wird alles mit Sonnenblumen geschmückt, die auch für einen guten Zweck verkauft werden können. Der Raum ist mit gelbem und braunem Kreppapier geschmückt, es gibt gelbe Luftballons und Speisen aus Sonnenblumen. Die Kinder können sich als Sonnenblumen verkleiden. Vielleicht hat jemand Lust, ein Sonnenblumengedicht aufzusagen. In der Gruppe kann man so ein Gedicht auch spielen.

Die Sonnenblume

Über den Gartenzaun schob sie
ihr gelbes Löwenhaupt,
zwischen den Bohnen erhob sie
sich, gold und gelb überstaubt.
Die Sonne kreist im Blauen
nicht größer als ihr gelbes Rad
zwischen den grünen Stauden,
den Bohnen und jungem Salat.

Georg Britting

Vogelfutter: Jetzt und in den kommenden Monaten kann man anfangen, sich einen Vorrat an Samen und Körnern, auf Spaziergängen selbst gesammelt, für die Winterfütterung der Vögel zuzulegen. Beeren, z.B. Vogelbeeren, müssen an schattigen Plätzen oder im Backofen getrocknet und dann in Gläser gefüllt werden (ab und zu auf Schimmel kontrollieren). Natürlich kann man Vogelfutter auch billig kaufen. Aber es ist doch etwas ganz anderes, Selbstgesammeltes zu verteilen!

Spiele mit Samen und Früchten

Fühlspiel: Welche Getreideart ist das? (Mit verbundenen Augen oder in einen Karton greifen, in den man nicht einsehen kann.) Welche Pflanze ist das? (Schafgarbe, Rainfarn, Sonnenblume oder andere den Kindern bekannte Pflanzen).

Kaufmannsladen: Auf Spaziergängen und Ausflügen wird Naturmaterial gesammelt, das sich für Verkaufsspiele verwenden läßt, z.B. Distelsamen, Schafgarbe, Getreideähren, Brombeeren, Zapfen von Nadelbäumen, Blätter, heruntergefallene Äpfel u.a. Besonders schön wirken diese Funde in gleich großen Gläsern, in kleinen Körben oder auf Holzschalen. Wenn alles aufgebaut ist (z.B. auf einem über zwei Kartons gelegtem Brett), kann das Spiel beginnen. Puppen, Teddys und Großeltern dürfen auch zum Einkauf kommen.

Mandala: Aus den eben beschriebenen Funden wird ein Kreisbild gelegt. Vorgegeben ist nur die Mitte (z.B. ein Apfel) oder der Kreisrand. Das kann man draußen oder drinnen machen, einzeln oder in der Gruppe. Zum Schluß finden die Beteiligten einen Titel für ihr Werk.

Zum Staunen – eine Blütengeburt

Eine Beobachtung besonderer Art ist die der Blütenöffnung bei der Nachtkerze. Hierzu müssen Sie diese aufrechte, anspruchslose Pflanze, die vor 400 Jahren aus Nordamerika zu uns herüberkam, erst einmal in einem Garten oder im Freien finden. Suchen Sie in Gärten, auf Schuttplätzen und an Bahndämmen nach einer bis zu eineinhalb Meter hohen Pflanze mit hellgelben Blüten. Wenn Ihnen der Fund gelungen ist, können Sie an einem Abend zur Zeit der Dämmerung eine kleine Sensation erleben oder besser ohne viel Worte einer meditativen Andacht beiwohnen:

Nachtkerzen entfalten ihre Blüten innerhalb einer Viertelstunde, und zwar etwa um 19 Uhr Sommerzeit. Sie duften wunderbar – für nur eine Nacht. Wenn Sie sich still vor der Pflanze versammelt haben, werden Sie an einer der länglichen Knospen zunächst ein Zittern bemerken. Dann kommt Spannung in die Knospe, der Stempel macht einen Ruck, und mit einer kräftigen Drehbewegung schnellt er herum. In Gegenrichtung entfalten sich die vier hauchzarten Blütenblätter, die wie Windmühlenflügel um den Stempel herumstehen, nach einer Pause ihren straffen Halt verlieren und ganz weich auseinanderfallen. Mit ihrem nektarsüßen Duft lockt dieses fluoreszierende Wundergebilde nun Nachtinsekten an. Diese Blüte vergeht im Laufe des nächsten Tages, aber weitere Knospen stehen schon zum Öffnen bereit.

Die winzig kleinen Samenkörner der Nachtkerze enthalten übrigens ein wertvolles Öl, das mit seinem hohen Gehalt an Gamma-Linolen-Säure, einer mehrfach ungesättigten Fettsäure, einen wichtigen therapeutischen Stellenwert hat und zu den teuersten Ölen der Welt gehört. Bei der Behandlung von hyperaktiven und ungestillten Kindern (Gamma-Linolen-Säure ist nicht in Kuhmilch, wohl aber in Muttermilch enthalten), bei Neurodermitis, bei trockener und empfindlicher Haut, zur Pflege von Haaren und Nägeln und in den Wechseljahren leistet Nachtkerzenöl wertvolle Hilfe. Nachtkerzen haben eine lange, eßbare, rosafarbene Pfahlwurzel, die man wie Schwarzwurzeln zubereiten kann. Ich finde sie allerdings viel zu schade zum Essen. Die schöne Pflanze, die im August blüht, können Sie übrigens auch in einem sehr hohen Blumentopf auf dem Balkon halten.

Wenn Sie in Ihrer Gegend keine Nachtkerze finden, können Sie nach einer Zaunwinde suchen und müssen frühmorgens munter sein. Diese Pflanze öffnet ihre Blüte um 7 Uhr morgens Sommerzeit und schließt sie abends um 17 Uhr – für immer.

Tierspuren von Wildbienen und Gelbhalsmaus

Wildbienen

Die meisten einheimischen Wildbienen nisten im Boden. Besonders interessant sind die Blattschneiderbienen, die an ihrer merkwürdigen Nestbauweise zu erkennen sind. Diese ungefähr ein Zentimeter lange Biene schneidet aus Blättern halbkreisförmige Stücke heraus und kleidet damit die Wände ihrer Brutzellen aus. Häufig werden Rosenblattstückchen benutzt. Diese Brutzellen werden dann mit Honignektar gefüllt und mit je einem Ei versehen. Kann man sich eine gemütlichere Kinderstube vorstellen?

Gelbhalsmaus

Diese hellbraunen weißbäuchigen hübschen Mäuse mit gelbem Halsband bewohnen Gebüsche, waldige Gebiete, Parks und Gärten. Ihre Wohnungen unter der Erde haben kreisrunde Eingangslöcher von ungefähr 3,5 cm Durchmesser. Die Gänge enden in einem ovalen Nest, das mit Laub, Moos oder Gras ausgepolstert ist. In speziellen Vorratshöhlen werden Nüsse, Bucheckern, Eicheln, Grassamen und Kräuter für den Winter gesammelt. Der Fußabdruck des Vorderfußes ist etwa ein Zentimeter lang, der des Hinterfußes 2–3 cm.

Eine Sternennacht im August

Fahren Sie an einem klaren, trockenen Augustabend hinaus in eine wenig bewohnte Gegend. Da jetzt viele Felder abgeerntet sind, könnten Sie z. B. einen Bauern bitten, auf seinem Stoppelfeld übernachten zu dürfen. In einem warmen Sommer braucht man nicht einmal ein Zelt, Schlafsäcke genügen.

Vielleicht dürfen Sie sich sogar ein paar Frühkartoffeln vom Feld holen und über einem kleinen Feuer grillen oder in der warmen Asche backen. Mit Butter und Quark schmecken Sie fast jedem Kind. Wenn das Feuer erloschen ist, wird es ganz dunkel, und Sie können die Stille und Dunkelheit genießen. Nur selten gibt es beides noch.

Der Sternenhimmel bietet im August ein besonders schönes Bild, und sehr oft kann man Sternschnuppen beobachten. Besonders schön ist auch der Vollmond im August. Wenn Sie sich einen Mondkalender besorgen und einen wolkenfreien Himmel erwarten dürfen, bietet sich eine Nachtwanderung im Vollmondlicht an. Besonders schön ist auch der orangefarbene Aufgang des Mondes.

Mondnacht

Es war, als hätt' der Himmel
Die Erde still geküßt,
Daß sie im Blütenschimmer
Von ihm nun träumen müßt.

Die Luft ging durch die Felder,
Die Ähren wogten sacht,
Es rauschten leis die Wälder,
So sternklar war die Nacht.

Und meine Seele spannte
Weit ihre Flügel aus,
Flog durch die stillen Lande,
Als flöge sie nach Haus.

Joseph von Eichendorff

HERBST

Der Übergang vom Sommer zum Winter gliedert sich deutlich in zwei Hälften.

Zu Beginn des Herbstes ist der Sommer noch ganz nah und die Menschen entsprechend kräftig und guter Dinge. Es ist die Zeit der Fülle, der Ernten, des Überflusses und der Freude. Mit einem deutlichen Wetterumschwung irgendwann in der zweiten Herbsthälfte setzt dann die Zeit der Trauer und des Abschieds ein, die bei vielen Menschen depressive Gefühle und Erkältungskrankheiten aufkommen läßt. Das liegt vielleicht daran, daß die Wiege der Menschheit in Afrika liegt und wir die dunkle, naßkalte Jahreszeit schon immer schlecht verkraftet haben, denn Mitteleuropa wird erst seit 12 000 bis 15 000 Jahren vom „homo sapiens", unserem Vorfahren, bewohnt. Entwicklungsgeschichtlich betrachtet ist dies eine relativ kurze Zeitspanne – Menschen gibt es schon hundertmal länger auf der Erde –, aber unterhalb des Äquators, wo der Tag- und Nachtrhythmus jeweils genau zwölf Stunden beträgt. Tatsächlich entwickeln Organismen schon sehr früh ihre zeitgesteuerten chronobiologischen Eigenschaften, unsere Landwirbeltiere haben dafür sogar ein eigenes Organ, das auch in uns Menschen nachwirkt, das Pinealorgan, das auch Zirbeldrüse genannt wird. Kriechtiere und andere Wirbeltiere verfügen sogar über ein spezielles „Fenster" im Schädeldach, das ähnlich einem Auge Licht aufnimmt und in der Zirbeldrüse verarbeitet. Es dient der Zeitmessung und vermittelt die Länge des Tages, d. h. die Dauer der Tageshelligkeit. Über die Absonderung eines speziellen Hormons, Melatonin, steuert diese lichtempfindliche Drüse viele Prozesse im Körper. Melatonin regelt auch die biologische Rhythmik des Menschen und nimmt Einfluß auf die sexuelle Reifung und den Stoffwechsel. Es ist eines der wichtigsten Hormone im Körper des Menschen, obwohl unsere Schädeldecke dicht ist und die Zirbeldrüse keine direkte Verbindung mit den Nervenbahnen zum Gehirn mehr hat.

Über den Mondrhythmus empfinden Frauen die Verbindung mit Licht und Rhythmus besonders stark. Auch die Menstruation wird durch hormonelle Lichtsteuerung ausgelöst und stammt aus jener fernen Zeit, als Afrikas Tropen noch unsere Heimat waren. Diese verschiedenen Grundrhythmen in Übereinstimmung zu bringen, ist äußerst schwierig und vielleicht der Grund dafür, warum viermal mehr Frauen als Männer an Herbst-Depressionen leiden.

Mit der Erfindung des künstlichen Lichts haben Menschen noch einmal in die natürlichen Rhythmen eingegriffen. Und so kann es uns nicht wundern, daß der Körper auf „Störung" schaltet, wenn er dort, wo er natürlicherweise ruhen sollte, zur Aktivität gezwungen wird. Deshalb sollten wir unsere Herbst-Melancholie nicht als Schwäche oder Krankheit verurteilen und bekämpfen, sondern anerkennen, daß sich hier in uns natürliche Kräfte ausdrücken, die uns eigentlich helfen wollen, uns in den Wechsel der Jahreszeiten zu fügen und zum Beispiel ermuntern, länger zu schlafen und weniger zu arbeiten, eher nach innen als nach außen zu schauen.

Als Element habe ich dem Herbst die Luft zugeordnet. Stimmig wäre auch Erde gewesen, denn aus der Erde wird jetzt – z. B. bei der Kartoffel- und Rübenernte – viel geborgen, und neue Erde entsteht durch die Milliarden herabfallender Blätter. Man stelle sich vor, daß ein einziger Baum bis zu 200 000 Blätter abwirft und die gleiche Zahl im Frühling wieder aufbaut!

Aber die Winde und Stürme, die auch die Übergangszeit Frühling charakterisieren, sind doch wohl das typischste Element für den Herbst. Sie fegen weg, wirbeln durcheinander, räumen auf, zerstreuen und bringen die kalte Luft zu uns, die macht, daß wir Schal und Mützen wieder aus dem Schrank hervorholen. Tee, Früchtepunsch und das Feuer im Ofen, das wir zumindest durch eine Kerze symbolisieren können, helfen uns, Wärme und Licht in die dunkle Jahreszeit zu bringen, die uns mit ihrer Kälte, ihrem Wind und ihrer Dunkelheit ermöglicht, das Wesentliche hervortreten zu lassen und Ruhe und Frieden zu entdecken.

Vom schönsten Mann der Welt –
der Sternenhimmel im Herbst

Im Herbst steht der Orion im Osten und Cassiopeia, das W-förmige Sternbild, genau über uns im Zenit. Lyra steht im Westen und ist bis Oktober der dritthellste Stern am Himmel. Im Süden finden wir das große Quadrat des Pegasus.

Im Norden der hellste Stern ist unser heutiger Polarstern, Polaris. Er wird jedoch erst im Jahr 2095 dem wahren Norden am nächsten sein: Der Himmelsnordpol benötigt 26 000 Jahre für einen Umlauf, deshalb haben im Lauf der Geschichte verschiedene Sterne als Polarstern fungiert.

Im Jahre 3000 vor Christi war es Thuban, der Hauptstern des Drachen, der den Himmelsnorden markierte. Vom Hauptgang der Cheopspyramide in Gizeh war Thuban Tag und Nacht sichtbar, denn vom Grund jedes tiefen Brunnens kann man die Sterne auch am Tage sehen.

Um 1000 vor Christus war Kochab, der orangefarbene Stern auf dem Rücken der kleinen Bärin, der Wächter des Nordens.

Orion war der Sage nach der schönste Mann, den die Welt je sah, ein Jäger am Himmel.

Im Frühling sind die Sterne des Orion am westlichen Frühlingshimmel untergegangen und sind erst jetzt im Herbst am östlichen Himmel wiedergekehrt. Mit dieser Tatsache hängen auch die Geschichten zusammen, die sich um Orion ranken. Er trägt eine goldene Rüstung, und auffällig am Himmel ist sein Gürtel, dessen drei Sterne wie Edelsteine leuchten.

Orions erste Ehe mit einer sehr prahlerischen Frau endete damit, daß sie in die Unterwelt verbannt wurde. Der eifersüchtige Vater seiner neuen Geliebten, einer griechischen Prinzessin, blendete den Helden – was offenbar seinen Untergang am Frühlingshimmel symbolisiert. Das Orakel verkündigte Orion später, er müsse nach Osten reisen und in die aufgehende Sonne blicken, um seine Sehkraft wiederzuerlangen. Orion folgte diesem Auftrag und begegnete der Göttin der Morgenröte. Als er ihr entgegenblickte, verliebte sie sich heftig in ihn und heilte ihn von seiner Blindheit.

In Babylon galt das strahlende Sternbild des Orion als Gott, der die Edelsteine erschuf.

September –
bunte Fruchtfülle

Septembermorgen

Im Nebel ruhet noch die Welt,
noch träumen Wald und Wiesen:
Bald siehst du, wenn der Schleier fällt,
den blauen Himmel unverstellt,
herbstkräftig die gedämpfte Welt
in warmem Golde fließen.

Eduard Mörike

Jetzt liegt der Herbst in der Luft. Kein Wunder, daß unsere Vorfahren den September Herbstmond nannten. Selbst warme Tage beginnen kühl, und abends wird es deutlich früher dunkel. Ab und zu fangen wir an zu frösteln, aber wenn mittags die Sonne scheint, sind wir dem Sommer mit seiner Wärme und seinem Licht noch nah.

Überall sieht man Früchte. Äpfel, Birnen, Pflaumen, Weintrauben, Kastanien, Eicheln, Vogelbeeren, Hagebutten, und die roten Beeren des Weißdorn reifen heran. Jetzt haben es die Tiere gut. Sie finden die Fülle vor, mit der sie sich über den Winter retten können.

Auch bei den Menschen ist Erntezeit, vor allem von Obst, das jetzt in nie dagewesener Vielfalt in den einheimischen Gärten heranreift. Auf den Feldern werden Rüben, Kartoffeln und Möhren geerntet, die noch im letzten Jahrhundert das Überleben in den Wintermonaten sicherten. Bei Mißernten starben z. B. in Irland Hunderttausende von Menschen. Sind wir heute noch dankbar für eine gute Ernte?

Bauern säen jetzt das neue Getreide ein, Pflanzen lassen ihre Samen fallen oder fliegen, sie suchen sich einen Platz zum Überwintern, um im Frühling zu einer neuen Pflanze heranzuwachsen. Die Bäume haben jetzt schon deutlich sichtbare Knospen. Abschied ist immer ein Abschied auf Zeit.

Nebeltropfen machen sichtbar, was verborgen war und unsichtbar, was deutlich zu erkennen war. Spinnweben sieht man jetzt überall in den Hecken oder als „Altweiberfäden" durch die Luft fliegen. Das Haus des Nachbarn oder den nahen Wald erkennt man gar nicht mehr – sie sind im Nebel verschwunden. Wie anders sieht die Welt auf einmal aus –, und was für ein Wunder, wenn dann doch die Sonne hervorbricht!

Der September ist ein Monat der Wandlung, des Abschieds vom Sommer.

Die Geborgenheit und das Aufgehobensein in einem großen Ganzen drückt Christian Morgenstern für mich in dem folgenden Gedicht aus:

Alles fügt sich und erfüllt sich,
mußt es nur erwarten können
und dem Werden deines Glückes
Jahr und Felder reichlich gönnen.

Bis du eines Tages jenen
reifen Duft der Körner spürest
und dich aufmachst und die Ernte
in die tiefen Speicher führest.

Am 23. September sind Tag und Nacht genau gleich lang, dann beginnt die dunkle Zeit, die Zeit des Rückzugs und des Sterbens. Die Blätter, Zeugen und Symbol des Lebens, verlieren allmählich ihre grüne Farbe und werden gelb und rot.

Die Zugvögel sammeln sich, um ihre Reise in den Süden anzutreten. Unsere Hühner, sofern sie nicht in Legebatterien oder mit künstlichem Licht aus ihrem natürlichen Zusammenhang gerissen werden, hören auf, viele Eier zu legen, und kaum ein Tier bekommt jetzt noch Junge. Einheimische Tiere bereiten sich auf den Winter vor, indem sie Vorräte sammeln, sich einen geschützten Unterschlupf suchen oder eine Speckschicht anfressen.

Am 29. September ist der Michaelistag. Er soll an den Erzengel Michael erinnern, der den Drachen bekämpfte und schließlich besiegte. Mit dem Drachen sind hier symbolisch die Kräfte der Finsternis gemeint, und der Tag soll ins Bewußtsein rufen, daß es gilt, niederziehende Kräfte zu erkennen und in ihre Schranken zu weisen. Sankt Michael wird auch häufig als Ritter dargestellt.

Seinen Namen hat der September übrigens einfach von der Sieben.Vor der julianischen Kalender-Reform war er der siebente Monat des Jahres, die Septime ist der siebente Ton in der diatonischen Tonleiter. In früheren Zeiten nannte man den September treffend Füllemonat oder Vollmonat. Der Lambertustag am 17. September galt als Schlußtermin für die Getreideernte. Er markierte das Ende der Feldarbeiten. Danach durfte geschlemmt und genossen werden – natürlich nur für eine kurze Zeit.

Eingefangener Sonnenschein:
Früchte und Blumen zum Herbstanfang

Auf einem Herbstspaziergang zählen wir die verschiedenen Früchte auf, die wir finden, und stellen sie vielleicht zu einem Herbststrauß zusammen. Was finden wir da nicht alles? Brombeerranken, Hagebuttenzweige, die pinkfarbenen Pfaffenhütchen, Weißdornzweige mit roten Beeren, Holunder, Vogelbeeren, „Nasen" vom Ahornbaum, die Fallschirmchen der Linden ...

Brombeeren

Diese dornige Pflanze wurde zu allen Zeiten pharmazeutisch genutzt. Die dunklen Beeren schmecken süß, die Blätter ergeben frisch oder getrocknet einen wohlschmeckenden Tee, der in keiner Mischung fehlen sollte und als reiner Brombeerblättertee bei Erkrankungen des Magen-Darmtraktes gute Dienste leistet. Bei Halsschmerzen und Zahnfleischentzündungen lindert Brombeerblättertee, wenn man mit ihm gurgelt oder den Mund ausspült.Wenn man Brombeerblätter für Tee ernten will, sollte man ab Juli die jungen Triebe mit einer Schere abschneiden und an einem schattigen, warmen Platz trocknen. Die trockenen Blätter können in möglichst dunkle Schraubgläser gefüllt werden.

Für frischen Tee gießt man eine Handvoll Blätter mit einem Liter kochenden Wassers, auf und läßt sie ca. 7 Minuten ziehen.

Für Brombeermarmelade kocht man ein Kilo Früchte mit einem Kilo Gelierzucker auf und füllt diese Mischung in Gläser, um sie dann im Winter zu genießen.

Ich esse die Beeren allerdings lieber frisch – vom Strauch oder mit Ahornsirup und frischer Schlagsahne.

Rosen schenken uns nicht nur ihre Blütenpracht, sondern Hagebutten, die Früchte, die wir ab September bis in den Winter hinein ernten können. Es gibt wohl kaum eine Wildfrucht, die so wohlschmeckend, gesund und vielfältig verwendbar ist wie die Hagebutte. Ihr Gehalt an Vitamin C ist zwanzigmal höher als der von Zitrusfrüchten! Die Hagebutte enthält außerdem Karotin, vielfältige Mineralstoffe (Eisen, Magnesium, Natrium, Phosphor, Schwefel) und die Vitamine E, K, A und B. Um geerntet zu werden, sollten die Hagebutten schon etwas weich sein, nicht nur rot.

Relativ einfach ist die Zubereitung von Hagebuttenmus. Hierzu wirft man die ganzen Früchte in einen Topf und kocht sie in etwas Wasser weich. Die Früchte werden dann durch ein stabiles Sieb gedrückt, in dem Kerne und Schalen zurückbleiben. Dieses Mus kann man jetzt mit Honig süßen und gleich z. B. zu Grießbrei essen oder mit Zucker zu Marmelade einkochen.

Für Hagebuttentee muß man die Früchte durchschneiden und gründlich von den Kernen befreien. Die so gereinigten und gewaschenen Hälften legt man dann an einem trockenen schattigen Ort zum Trocknen aus oder dörrt sie im Backofen.

Die dicken Hagebutten der Kartoffelrosen findet man gelegentlich in Parks oder Vorgärten. Auf Herbstspaziergängen dürfen Ihre Kinder sie pflücken und rundherum abknabbern – dies ist sicherlich die einfachste Methode, in den Genuß dieser gesunden Früchte zu kommen.

Wenn Kinder erlebt haben, was man mit Hagebutten alles machen kann, werden sie die gekaufte Hagebuttenmarmelade nächstes Mal bestimmt schätzen und verstehen, was alles geschehen mußte, bevor wir sie im Laden aus dem Regal nehmen können.

Wer im Garten Ringelblumen gesät hat oder jemanden kennt, der Ringelblumen hat, kann daraus eine heilkräftige Salbe gegen Verletzungen und Wunden herstellen. Die wunderschönen gelb und orangeblühenden Blumen findet man bis in den November hinein auf Höfen und in Gärten. Sie werden auch zur Arzneimittelherstellung angebaut (Calendula). Für Kindergärten oder Schulen lohnt sich die Aussaat allemal im

Frühling, denn diese Pflanze ist ein Genuß für Auge und Seele. Für die Salbenherstellung, die natürlich ein Erlebnis für Kinder ist, benötigt man pro Kind eine Handvoll Ringelblumenblüten und 200 ml kaltgepreßtes Sonnenblumenöl aus kontrolliert biologischem Anbau. Die Blüten werden in das Öl gegeben und im Topf erhitzt, nicht „fritiert". Diese Mischung wird abgekühlt und dann durch ein Sieb gegeben. Mit vierzig Gramm gereinigtem, geriebenem Bienenwachs (aus der Apotheke) wird das Fettgemisch zum Schmelzen gebracht. Jetzt wird der Topf vom Herd genommen und der Inhalt weiter gerührt. Wenn die Masse fest wird, was an der milchig-trüben Färbung des Öls und dem Absetzen des Wachses am Topfrand erkennbar ist, wird die Salbe in ausgekochte Töpfchen gefüllt und einige Stunden mit Haushaltspapier bedeckt stehengelassen, bis sie vollständig erkaltet. Jetzt werden die Töpfchen zugedeckelt. Im Kühlschrank aufbewahrt, kann die Salbe bis zur nächsten Ringelblumenernte bei aufgeschürften Knien, trockener Haut und bei wunden Babypopos gute Dienste leisten.

Äpfel

Durch Kreuzungen haben Menschen über 1500 Apfelsorten gezüchtet. Heute sind oft nur noch wenige, in Monokultur angebaute Äpfel auf dem Markt. Wer das Glück hat, im September durch Gegenden zu wandern, in denen noch wilde oder von Menschen gepflanzte Apfelbäume am Weg- oder Waldrand stehen, kann noch alte Sorten finden und muß auf der Wanderung nicht hungern. In der Großstadt bieten Schrebergärten ebenfalls noch viele alte Sorten, die oft achtlos herumliegen oder für wenig Geld abgegeben werden. Dabei sind Äpfel nicht nur äußerst wohlschmeckend, sondern wegen ihres hohen Mineralstoff- und Vitamingehalts auch äußerst gesund. Äpfel enthalten Kalium, Natrium, Kalzium, Magnesium, Eisen und Phosphor, außerdem die Vitamine A, B, C und E. Der Vitamin C-Gehalt ist in der Schale sechsmal höher als im Fruchtfleisch, deshalb sollten Sie wenn irgend möglich

152

unbedingt Äpfel aus kontrolliert biologischem Anbau kaufen (andere sind bis zu 15mal gespritzt!) und die Schale mitessen. Das im Apfel enthaltene Pektin hat die Fähigkeit, die im Darm vorhandenen Giftstoffe wie Schwermetalle, Bakteriengifte und auch Cholesterin zu binden, so daß sie ausgeschieden werden können. Nicht umsonst sagt ein englisches Sprichwort:

One apple a day keeps the doctor away: Ein Apfel am Tag hält den Arzt fern.

Die Kelten schienen das gewußt zu haben, denn bei ihnen hatte der Apfel den Ruf, ewige Jugend zu verleihen und zu helfen, den Tod zu überwinden. Aus der keltischen Mythologie ist Avalon bekannt, die Anderswelt, in der Menschen und Götter glücklich sind, eine Insel der Äpfel, die man schenkt und annimmt.

Der Apfelbaum ist außerdem ein äußerst symbolträchtiger Baum. Die nordische Göttin Idun, von der in der Edda berichtet wird, soll im Besitz goldener Äpfel gewesen sein. Wer sie aß, konnte Unsterblichkeit erlangen.

Es könnte eine schöne Gewohnheit werden, dem Apfelbaum in Ihrer Nähe öfter ein paar dankbare Gedanken zu schicken. Die Bäume spüren das wie alle anderen Pflanzen auch!

Der Apfel steht für Liebe, weibliche Schönheit, Verführung, Überwindung des Todes und Vollkommenheit. Allerdings wollen Botaniker herausgefunden haben, daß das, was z. B. in der Bibel oder anderen alten Schriften als Apfel bezeichnet wird, gar keiner war, sondern eher eine Quitte, eine Feige oder ein Granatapfel.

Wilde Holzäpfel gab es schon in der Steinzeit überall in Europa.

In allen Kulturkreisen ist der Apfel Attribut jener Göttinnen, die für Fruchtbarkeit, Liebe und Schönheit zuständig sind: Aphrodite, Venus, Frigg und Idun und bei den Wenden Siwa.

Das Schenken oder Werfen eines Apfels, das Annehmen oder gar Auffangen dieser Frucht ist noch heute in allen Erdteilen ein eindeutiges Symbol, eine klare Anfrage und Antwort auf die Frage: Liebst du mich?

Unsere heutigen veredelten Äpfel kommen aus Persien, wo sie durch ihre runde Form als Symbol des Herrschers dienten. Herodot, der im 5. Jahrhundert vor Chr. lebte, berichtete, daß am Hofe des Xerxes tausend Leibwächter goldene Äpfel auf den Spitzen ihrer Speere trugen und weitere tausend silberne. Alexander der Große war hundert Jahre später von diesem Machtsymbol so beeindruckt, daß er den „Reichsapfel" als Zeichen herrschaftlicher Würde einführte.

Plinius (24–79 nach Chr.) kannte schon dreißig verschiedene Apfelsorten, die sich im Lauf der Jahrhunderte auch regional unterschiedlich ausbreiteten. Heute beschäftigen sich „Pommologen" wieder mit dem Entdecken alter Sorten und deren Erhalt.

In einem Spruch heißt es, daß drei Dinge für einen Mann besonders wichtig wären: einen Baum zu pflanzen, ein Haus zu bauen und ein Kind zu zeugen.

Wer keinen Garten hat, sollte in einem sonnigen Hof, auf dem Gelände des Kindergartens, auf dem Schulhof oder an einem Ort in der Wildnis einen Apfelbaum pflanzen und diesen regelmäßig besuchen. Besonders schön ist dies nach der Geburt eines Kindes oder aus Dankbarkeit für ein Ereignis im Leben.

Von Martin Luther soll der Spruch stammen:

Und wenn morgen die Welt untergeht,
So will ich doch heute noch in mein Gärtlein gehen
Und einen Apfelbaum pflanzen.

Kindergarten- und Schulkinder sollten täglich Äpfel als Pausenfrühstück mitbekommen. Es ist die ideale „Hirnnahrung", denn sie wirken nervenstärkend und erfrischend.

Eine alte, ganz einfache Art, Äpfel haltbar zu machen, ist das Dörren. Dies macht auch besonders Kindern Spaß. Dazu wird das Kerngehäuse ausgestanzt (in Haushaltswarengeschäften gibt es Spezialgeräte dafür) und der Apfel in dünne Scheiben geschnitten. Die so hergestellten Ringe werden an einem kräftigen Faden aufgefädelt und als Girlande an einem luftigen Ort zum Trockenen aufgehängt.Wer keinen Platz zum Trocknen hat, kann die Scheiben auch bei 60 Grad im Backofen trocknen, dessen Tür mit einem Kochlöffel einen Spalt offengehalten wird.

Trocken aufbewahrt, sind diese Apfelringe den ganzen Winter über haltbar.

Apfelschalentee kann frisch oder aus getrockneten Apfelschalen zubereitet werden, wenn es sich um ungespritze Äpfel handelt. Er ist für Kinder besonders gesund, weil er nervenstärkend, blutbildend und schlaffördernd wirkt. In Kinderfrüchteteemischungen aus kontrolliert biologischem Anbau sind daher auch immer Apfelstücke mit Schale enthalten.

In Zeiten der Apfelschwemme kann man eine Frischsaftpresse sehr gut gebrauchen und eventuell im Kindergarten oder mit mehreren Familien gemeinsam anschaffen. So ein Gerät ist zwar teuer, ermöglicht jedoch mit wenig Zeit und Arbeitsaufwand einen köstlichen, puren Rohsaft herzustellen. Gemeinsam mit Möhren erhält man einen wohlschmeckenden Trunk und wahren Krankheitsvernichter.

Einen Apfel-Spitzwegerich-Salat kann man an einem schönen Septembertag in der Natur selber herstellen und genießen. Nur das Dressing sollte von zu Hause in einem Schraubglas mitgebracht werden. Außerdem braucht man eine Schüssel und ein Messer. Hierzu schneiden Sie pro Person einen entkernten Apfel in sehr kleine Stücke und mischen diese mit kleingeschnittenen zarten Spitzwegerichblättern und Blüten bzw. Samenständen.

Das Dressing besteht aus Honig, Salz, saurer Sahne und Joghurt und wird nach Geschmack gewürzt.

Ein anderer Segen des Herbstes ist der Holunder.

Diese Pflanze begleitet die Menschen von Anbeginn und darf als „Medizinkiste des Landes" gelten (vgl. auch meine Ausführungen im Monat Mai). In einem alten Reim heißt es:

>*„Rinde, Beere, Blatt und Blüte*
>*jeder Teil ist Kraft und Güte,*
>*jeder segensvoll."*

Im September können die schwarzlila Beeren geerntet werden, eine Familienaktion, die man sich nicht entgehen lassen sollte. Fahren Sie an einem schönen Septembertag mit Scheren und Eimern in eine ländliche Gegend, und Sie werden überall Holunder finden. Er sollte allerdings nicht an einer befahrenen Straße, sondern abseits geerntet werden. Die Beeren-Dolden werden mit der Schere abgeschnitten.

Sehr einfach zu kochen ist eine *Holunder- oder Fliederbeersuppe:*

Kochen Sie die gewaschenen Dolden in einem Topf ca. 2 Minuten auf. Geben Sie über einen weiteren leeren Topf ein großes stabiles Sieb und kippen Sie den gesamten Topfinhalt hindurch. Mit einem Holzlöffel rühren Sie die Beeren durch das Sieb und erhalten so Holundersaft, den Sie mit Zucker oder Honig, Zitronensaft, Zimt und Nelken abschmecken. Er kann so heiß als Punsch getrunken werden, der vor Erkältungen schützt. Mit Stärkemehl angedickt, erhalten Sie eine Suppe, die mit Schlagsahne oder Grießklößchen eine wahre Köstlichkeit ist.

Holundergelee wird wie folgt zubereitet: Der wie oben hergestellte Holundersaft wird mit Gelierzucker zu gleichen Teilen aufgekocht und in Gläser gefüllt. Auf diese Weise hat man auch im Winter noch eine Erinnerung an den schönen Tag, an dem er geerntet wurde.

Der September kann manchmal auch kalte, windige und regnerische Tage haben, an denen man gern drinnen sitzt. Diese Tage sind für das Basteln und Werken prädestiniert. Ganz einfach sind Windmühlen aus biegsamem Karton herzustellen.

Hierzu wird ein Quadrat von den vier Ecken aus bis nicht ganz zur Mitte eingeschnitten (s. Zeichnung). Hierdurch entstehen vier Spitzen, die mit einem Punkt versehen werden. Auf eine Stahlnadel wird eine kleine Perle gesteckt. Anschließend wird die Nadel durch den Mittelpunkt gebohrt und die vier mit Punkten gekennzeichneten Spitzen ebenfalls aufgenommen. Den Schluß bildet eine zweite aufgespießte Perle. Das Nadelende wird nun in einen dünnen Ast oder ein Rundholz gesteckt, damit der Wind es drehen kann.

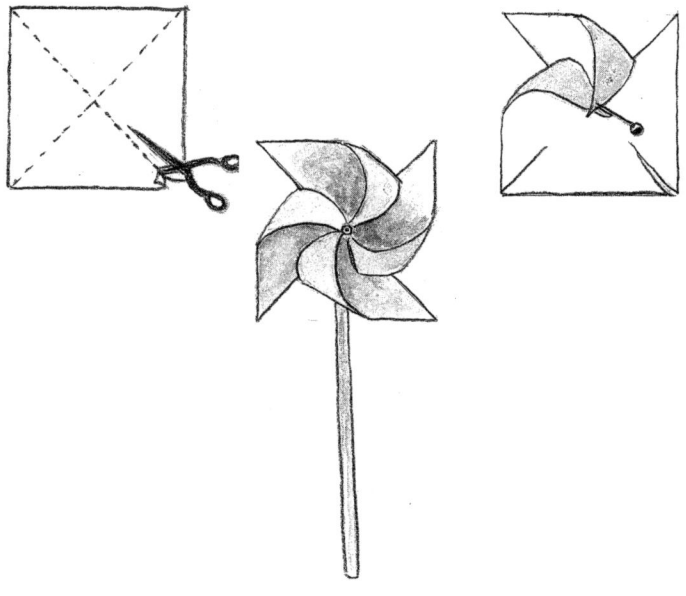

Spiele mit Wind und Samen

Rätsel

Was ist stärker als die Fluten im Meer?
Der Wind, der sie treibt hin und her.

Noch schöner sehen als Mühlhaus bemalte Flaschen aus. Hierzu kann man Plaka-oder Dispersionsfarbe verwenden. Letztere erhalten Sie auch in kleineren Mengen in Bio-Farben-Läden. Wenn die Flaschen getrocknet sind, werden sie zugekorkt. In diesen Korken wird ein Draht gebohrt, an dem das Mühlrad befestigt wird. Das Mühlrad besteht aus einer vom Korken abgeschnittenen Scheibe, in die vier große Federn gebohrt werden.

Weil sich Hühner und andere Vögel im September mausern, kann man die Federn in diesem Monat bei Hühnerhaltern finden oder von Spaziergängen mitbringen.

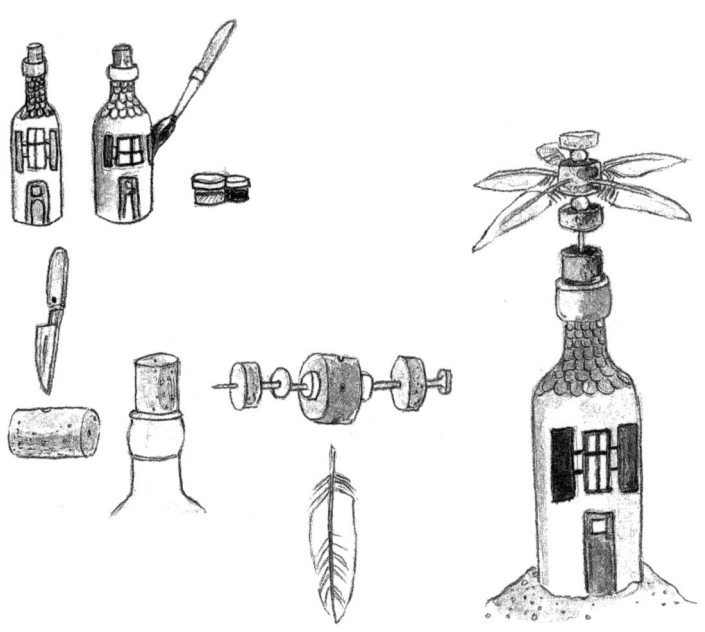

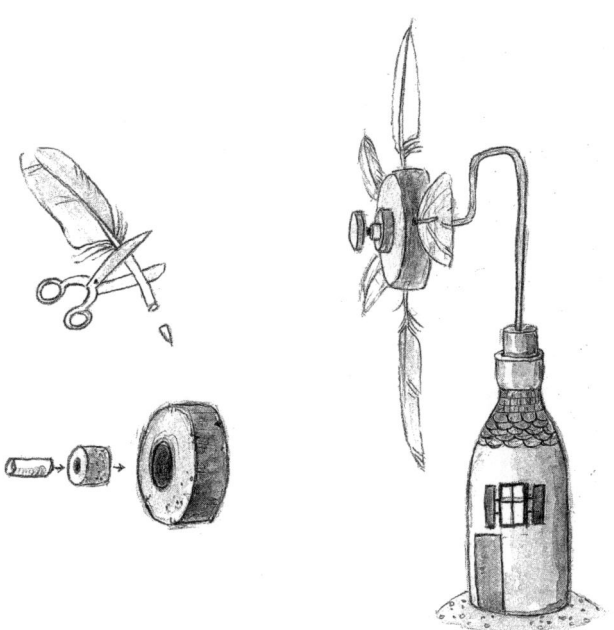

Nicht ganz einfach, aber allerliebst ist das Herstellen von Tieren und Männchen aus Kastanien, Eicheln, Hagebutten, Federn und anderen Mitbringseln. Auch hierbei kommt es vor allem auf den Prozeß des schöpferischen Gestaltens und weniger auf die perfekte Form an.

Erwachsene müssen kleineren Kindern mit einem feinen Handbohrer helfen. Sie benötigen außerdem Zahnstocher und gegebenenfalls etwas Knete.

Ein ohne viel Mühe herzustellendes Spielzeug für lebhafte Kinder sind Wurfkastanien. Hierzu sammelt man Kastanien und kauft Kreppapier in verschiedenen Farben. Von so einer Papierrolle werden Scheiben abgeschnitten, so daß sehr lange Bänder entstehen. Verschiedene Farben werden jetzt gebündelt und am Ende zusammengedreht. Dieses Ende wird mit einem breiteren Handbohrer in die Kastanie hineingebohrt. Als Wurfziel eignet sich eine große Schüssel oder Zinkwanne oder ein rundes, auf den Rasen gelegtes Tischtuch.

Das ist auch ein schönes Spiel für einen Geburtstag im Herbst.

Rätsel

Stachlig wie ein Igel
Blank wie ein Spiegel
Groß wie ein Haus
Klein wie eine Maus
Was ist das?

(Die Kastanie)

Viel Geduld braucht man für Ketten aus Früchten, die mit einer langen Nadel auf festen Zwirn gefädelt werden. Es eignen sich die roten Beeren des Weißdorn, Hagebutten und die „Nasen" der Ahornbäume (Flugsamen). Wenn Erwachsene mithelfen, lassen sich auch Eicheln oder Kastanien, kombiniert mit Federn und Perlen, zu hübschem Halsschmuck verarbeiten, der an einem Lederband richtig edel wirkt.

Tierspuren von Vögeln und Spinnen

Vogelfedern

Vögel verlieren ihre Federn während des ganzen Jahres, aber jetzt, in der Mauserzeit, findet man besonders viele. Vogelfedern sind leicht zu entdecken, aber schwer zu bestimmen. Grau und braun sind Farben, die viele Vögel zur Tarnung tragen. Einmalig sind die kleinen Federn des Eichelhähers, die deutlich blau-schwarz-weiß geringelt sind. Auffällig auch die grün-schwarzen Federn des Bläßhuhnes. Braun-weiß geringelte Federn haben sowohl der Buntspecht als auch der Grünspecht und der allerdings viel größere Mäusebussard. Die Feder einer Stockente kann wunderschön zur Hälfte dunkelblau, zur anderen Hälfte braun und an der Spitze weiß sein, und die Waldohreule hat einen warmen Gelbton in ihrem Gefieder. Wer Federn findet, nimmt sie am besten mit und bestimmt sie zu Hause in Ruhe anhand eines Buches.

Spinnennetze

An nebligen Morgen findet man unendlich viele Spinnennetze, die durch die winzigen Wassertropfen besonders deutlich sichtbar sind. Am bekanntesten sind die Radnetze, die meist senkrecht zwischen höheren Pflanzen hängen. Sie stammen von Kreuzspinnen, die wir an ihrem Kreuz auf dem Rücken erkennen. Die Dreiecksspinne dagegen baut dreieckige Netze und die Trichterspinne Trichter, die an niederen Pflanzen befestigt werden.

Oktober –
goldener Herbst

Der du die Wälder färbst,
sonniger, milder Herbst,
schöner als Rosenblühn
dünkt mir dein sanftes Glühn.
Nimmermehr Sturm und Drang.
Nimmermehr Sehnsuchtsklang.
Leise nur atmest du
tiefer Erfüllung Ruh ...

Ferdinand von Saar

Dieser Monat, dessen Name sich von der Zahl Acht ableitet – denn er war der achte Monat im altrömischen Kalender –, hat auch den Beinamen golden. Das liegt nicht nur an den sonnigen Tagen, die es im Oktober durchaus geben kann, sondern vor allem an der Laubfärbung, die eine wunderbar farbig-goldene Stimmung in diese Herbstwochen bringt.

Mit aller Pracht verabschieden sich die grünen Symbole des Lebens aus den Bäumen. Zurück bleibt die reiche Ernte, die Menschen mit dem Erntedankfest würdigen.

Der Oktober ist auch der Monat der Weinernte. Bei unseren Vorfahren hieß er daher Weinmond. Die Weinrebe ist ein uraltes Symbol für Leben und Auferstehung, der Wein als Getränk „Götterblut". Die Heimat dieser symbolträchtigen Pflanze ist wahrscheinlich der Südrand des Schwarzen Meeres, wo man im 18. Jahrhundert Weinstöcke von einem Meter Durchmesser fand.

Schon im fünften Jahrhundert vor Christus wurde Wein den Toten mit auf den Weg gegeben, wie man aus Grabfunden weiß.

In Ägypten war diese Pflanze Isis und Osiris geweiht. Auf Grabfresken war das Keltern der Trauben exakt dargestellt.

Im Tod der Trauben bei der Ernte, in der Zerstückelung durch die Presse und in der Wiedergeburt durch das Chaos der Gärung sah man eine Spiegelung des Osiris-Lebens und ein allgemeines Symbol der Hoffnung auf Wiedergeburt.

Der erste Wein war Opfer für die Götter, erst später wurde er zum Genußmittel für die Mächtigen.

Auch im Alten und Neuen Testament spielt der Wein eine große Rolle als Symbol. Wenn man alte Kirchen besucht, findet man am Altar fast immer Weinranken. Als Noah am siebzehnten Tag des siebten Monats mit seiner Arche landete, wurde er „ein Ackermann" und pflanzte Weinberge, die das „Blut der Erde" gedeihen ließen.

Aus Kleinasien ist eine Sage überliefert, nach der Noahs Wein vom Teufel mit dem Blut eines Lammes, eines Löwen und eines Schweines gedüngt wurde. Je nachdem, wieviel ein

Mensch davon trinkt, werden durch den Teufel in ihm die Eigenschaften des jeweiligen Tieres geweckt.

Die psychoaktive Wirkung gab den Menschen in damaliger Zeit das Gefühl, das Blut der Götter oder des Teufels zu trinken.

Dadurch, daß Wein mit Blut gleichgesetzt wurde, ergibt sich seine Bedeutung für den Totenkult. Als Symbol des Lebens wurde er mit ins Grab gegeben.

Dionysos, der efeubekränzte Weingott, der aus Vorderasien nach Griechenland kam, hat die Kunst des Kelterns von dort mitgebracht. Das Efeu, das mit frischer Feuchte assoziiert wird, sollte die feurige Wirkung des Weines aufheben.

Als Vegetationsgott war Dionysos sterblich, wurde jedoch im Jahreslauf neu geboren.

Im alten Israel und für die semitischen Völker war Wein das Lebenselixier und Symbol für Freude und Fülle.

Als Herodes seinen mächtigen Palast bauen ließ, wurde die Fassade mit Weinstöcken geschmückt. In der Bibel steht, daß Salomon, der weise König, befahl, daß Wein jenem gegeben werde, der bereit ist zu sterben. Deshalb findet man auf jüdischen Gräbern manchmal Weintrauben.

Im Christentum hat der Wein durch die Wandlung zum Blut Christi tiefste Bedeutung. Jesus selber bediente sich in seinen Gleichnissen dieser Symbole, wenn er vom Säen, Ernten und der Arbeit im Weinberg sprach.

Angesichts der Massenproduktion und des Mißbrauchs von Alkohol in heutiger Zeit fällt es schwer, diese alte würdevolle Bedeutung des Weins zu erkennen. Tatsache ist jedoch, daß wichtige Geschäftsabschlüsse, bedeutende Verhandlungen und viele Rituale wie Hochzeiten und Ehrentage mit dem gemeinsamen Trinken von Wein besiegelt werden.

Weintrauben mit ihren vielen Vitaminen und Mineralstoffen sind bis heute ein wertvolles Nahrungsmittel, das uns im Oktober geschenkt wird. Schularbeiten gelingen besser, wenn man nebenbei an Weintrauben naschen darf. Und wissen ihre Kinder schon, daß Rosinen getrocknete Weintrauben sind? Ansehen tut man es ihnen ja nicht.

Oft ist der Oktober auch ein Monat mit viel Wind. Die leeren Stoppelfelder – sofern nicht längst gepflügt und neu eingesät –, bieten zum Drachensteigenlassen die ideale Basis. Für Stadtkinder ist es schwer, solche Plätze zu finden. Einfache Flatter- und Flugobjekte, die wenig Platz brauchen, können die Bewegung der Luft jedoch auch verdeutlichen und im Oktober Freude machen.

Christian Morgenstern dichtete:

> *Wind, du mein Freund!*
> *Lang hielten Berge mich*
> *grämlich umzäunt.*
> *Nun wieder grüße ich dich,*
> *frei, dich, den Freien;*
> *nun gib mir Himmelssproß,*
> *wieder die Weihen,*
> *Wecker zu sein wie du*
> *aller verschlafenen Ruh!*
> *Wind, du mein Freund!*
> *Du mein liebster Genoß!*

Der Oktober ist auch ein Pflanzmonat. Wenn die Natur Abschied nimmt, werden Bäume, Sträucher, mehrjährige Stauden und vor allem Blumenzwiebeln in die Erde gesetzt. So wird mit jedem Abschied der Keim des Neubeginns gelegt.

Der letzte Tag im Oktober ist Halloween, das sich von dem keltischen Samain-Fest ableitet. Dies war das wichtigste Fest der Kelten, das in der Nacht zum ersten November gefeiert wurde. Hier ging es darum, Gegensätze zu vereinen, die verschiedenen Elemente zu erkennen und das Gleichgewicht zu fördern. Alles ist Eins – selbst Leben und Tod sind nur scheinbare Gegensätze.

Vielfalt der Farben und Formen

Der Oktober lädt natürlich zum Blättersammeln ein. In städtischen Parks, die oft mit seltenen Bäumen bepflanzt sind, findet man manchmal schönere Blätter als im Wald. Botanische Gärten sind auch ein lohnendes Ausflugsziel zum Sammeln der vielfältigen Schönheiten. Zu Hause werden die Blätter dann zwischen Zeitungspapier gelegt und mit Telefonbüchern oder anderen Büchern und Gegenständen beschwert. Wenn alle Feuchtigkeit aus den Blättern gewichen ist, sind sie lange haltbar und vielfältig nutzbar.

Warum werden die Blätter eigentlich bunt? Das Grüne in den Blättern nennt man Chlorophyll. Es bewirkt, daß der Baum – einem Kraftwerk gleich – Sonnenlicht in Energie, die ihm auch als Nahrung dient, umwandelt. Die Blätter sind gleichsam eine chemische Fabrik, in der jeder Baum alle wichtigen Baustoffe für sein Wachsen und Werden selber herstellt – ohne die Umwelt zu belasten und ohne Abfälle zu erzeugen, die schwer beseitigt werden können. Weil der Laubbaum im Winter eine Ruhephase einlegt und daher weniger Nahrung benötigt, braucht er seine Blätter nicht mehr. Die kürzer werdenden Tage signalisieren dem Baum den herannahenden Winter. An der Basis der Blattstiele bildet sich eine korkartige Trennschicht, die bewirkt, daß das Blatt nicht mehr mit Baumsaft versorgt wird. Dadurch wird auch kein Chlorophyll mehr gebildet, und die grüne Farbe ist nicht mehr sichtbar. Das Gelb und Rot war die ganze Zeit in den Blättern, konnte aber nicht gesehen werden!

Die Zellen der Trennschicht lösen sich allmählich auf, und das Blatt wird mit dem nächsten Luftstrom vom Baum gerissen. Da, wo das Blatt am Zweig gesessen hat, bleibt eine kleine Narbe zurück – aber dahinter liegt schon eine klitzekleines, gut geschütztes, eingerolltes Blatt in einer Knospe und wartet auf den Frühling.

Blätterkrone

Für eine hübsche Krone aus Ahornblättern benötigt man frische bunte Blätter. Hierzu werden die dicken Stilenden abgeschnitten und das erste Blatt neben der mittleren Hauptader gefaltet. In dieses Blatt bohrt man durch beide Hälften einen kleinen Schlitz und steckt den Stil des zweiten Blattes hinein. Nun wird das zweite Blatt um das erste gelegt und mit einem weiteren Schlitz versehen. Wenn die so entstandene Blattkette die Länge des Kopfumfangs der kleinen Königin oder des Königs erreicht hat, schiebt man hinten einen Blattstengel als Riegel hinein.

Blättermemory

Sie benötigen gleichgroße Pappkarten und Klebstoff. Auf je zwei Karten wird jeweils dieselbe Blattsorte geklebt. Wieviele verschiedene Paare bekommen Sie zusammen?

Mit kleinen Kindern kann man das Spiel zunächst offen spielen. Findest du das gleiche Blatt noch einmal? Mit verdeckten Karten spielt man zunächst mit wenigen Paaren und steigert die Menge je nach Fähigkeiten des Kindes.

Blätterposter

Zum Staunen anregen kann ein selbstgemachtes Poster, das die Vielfalt der Farben und Formen präsentiert. Hierzu können Sie die Blätter nach Farbtönen sortieren oder je eine Blattsorte in ihrer ganzen Farbenvielfalt – von Grün bis Dunkelrot – darstellen. Auf einem dunklen Untergrund wirken die Farben besonders gut.

Blätterzoo

Sie benötigen viele Blätter und einen einfarbigen Untergrund aus Papier. Aus den Blättern werden Tiere zunächst gelegt und dann aufgeklebt. Mit schwarzem Filzstift können die Tiere Augen und andere Details bekommen. So ein Bild kann auch gut als Gemeinschaftsarbeit von mehreren Kindern erstellt werden.

Als anregende Vorlage kann das Bilderbuch „Swimmy" von Leo Lionni dienen.Vielleicht finden Sie in Ihrer Bibliothek noch weitere Bilderbücher, die fantasievolle Blattbilder enthalten.

Blättermandala

Ein Mandala ist ein Kreisbild, das man auch sehr schön mit bunten Herbstblättern gestalten kann. Sie können auf einen einfarbigen Untergrund aufgeklebt oder auch nur gelegt werden. Den Mittelpunkt kann man mit einem Apfel kennzeichnen. Denkbar ist auch, daß Sie die äußere Kreislinie vorgeben. Mandalas können sehr schön auch von Gruppen gestaltet werden.

Blätterdruck

Mit Blättern – ob grün oder bunt – kann man hervorragend drucken. Hierzu wird die Blattunterseite mit dickflüssiger Farbe (z. B. Plakat-Tempera) bestrichen. Mit einer sauberen Walze wird das Blatt jetzt auf eine weiße Unterlage gedrückt. Auf diese Weise lassen sich auch Grußkarten gestalten. Mit älteren Kindern kann man Stofftaschen oder T-Shirts auf die gleiche Weise mit Stoffarbe gestalten.

Blattschablone

Genau umgekehrt verfährt man beim Arbeiten mit Blattschablonen. Die Blätter werden hierzu auf einen weißen oder andersfarbigen Untergrund gelegt, die Umgebung eingesprüht. Hierzu kann man Tuschfarben und ausgediente Zahnbürsten, die in die Farbe getaucht und dann an einem Sieb abgestrichen werden, so daß die Farbe aufs Papier spritzt, benutzen. Auch mit Farbe gefüllte Pump-Deo-Flaschen eignen sich zum Besprühen. Wenn die Farbe getrocknet ist, werden die Blätter abgenommen.

Pflanzaktion

Ich finde es sehr tröstlich, im Herbst etwas zu pflanzen. Wenn Sie selber keinen Garten haben, können Sie in Kindergarten oder Schule eine Pflanzaktion anregen, ihren Hof begrünen oder einfach Blumenzwiebeln einsetzen. Für Hyazinthen braucht man nicht einmal einen Balkon, man kann sie auf dem Fensterbrett ziehen. Mit einem Hyazinthenglas (in Blumengeschäften oder Gärtnereien erhältlich) ist das sehr einfach und interessant für die Kinder, auch das Hervorkommen der Wurzeln zu beobachten. Ende Oktober eingesetzt, blüht die Hyazinthe in der Weihnachtszeit und verströmt einen berauschenden Duft. Wenn man ein Stückchen Holzkohle ins Wasser legt, verhindert man den fauligen Geruch. Man kann das Wasser aber auch regelmäßig erneuern, wobei man sehr vorsichtig mit den Wurzeln umgehen muß. Außerdem braucht die Hyazinthe ein spitzes Hütchen aus festem Papier, damit sie glaubt, in der Erde zu ruhen. Dieses Hütchen bleibt solange drauf, bis sich die Knospe zeigt. Ab und zu darf das Kind natürlich gucken, was sich darunter entwickelt.

Tulpen, Osterglocken und andere Zwiebeln kommen in die Erde, und zwar jeweils so tief, wie sie selber lang sind. Sie kommen dann erst im Frühjahr wieder hervor – und das ist eine Geduldprobe!

Wer diese Frühlingsblüher in Töpfe setzen will, muß bedenken, sie bei sehr starkem Frost (unter minus 10 Grad) zu schützen, weil sie sonst erfrieren.

In der Erde überstehen sie den Frost gut.

Eine besondere Aktion zum Schutz der Umwelt ist das Pflanzen einer Hecke mit einheimischen Gehölzen. Man stelle sich vor: eine solche Wildhecke bietet 1000 Pflanzen- und 7000 Tierarten ein Zuhause! Ob Sie für diese Aktion Freunde gewinnen? Auch wenn Sie nur einen einzigen Baum pflanzen, haben Sie den ganzen Winter über einen Ort, den Sie mit Ihren Kindern regelmäßig aufsuchen können, um sich gegenseitig zu trösten und auf den Frühling zu freuen.

Spiele mit Wind

Wind ist bewegte Luft und Luft läßt sich formen. Zum Beispiel in Luftballons. Wenn es draußen tüchtig weht, macht es Spaß, einen komisch geformten Ballon an einer Schnur im Wind flattern zu lassen. Mit Band an einen Pfahl gesteckt, kann so ein Ballon auch die Windstärke und -richtung angeben. Haltbarer ist natürlich ein genähter oder gekaufter Windsack. Hierzu näht man einen Schlauch, in dessen einen Saum ein Peddigrohr zu einem kreisrunden Ring geschoben wird. Dieser Ring gibt der Sacköffnung die nötige Festigkeit. An zwei gegenüberliegenden Kreispunkten wird nun eine starke Schnur befestigt und der Windsack an einem Pfahl aufgehängt.

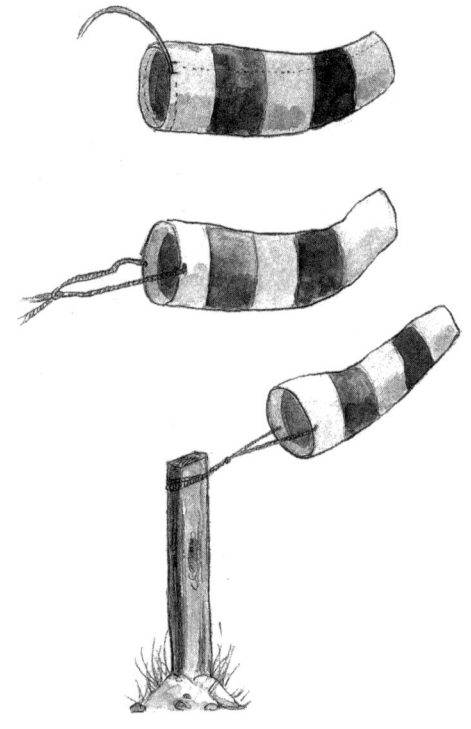

Auch an einfachen Fahnen, die aus einem Stück Stoff ausgeschnitten und an einem Ast befestigt werden, haben Kinder sehr viel Freude. Am schönsten sind diese, wenn sie selber bemalt wurden. Hierzu kann sich jedes Kind ein Symbol überlegen, das seine Besonderheiten veranschaulicht oder sein Lieblings- oder Krafttier mit Stoffarbe aufmalen.

Schön sind auch selbstgemachte Klangspiele – denn der Wind macht Musik, und warum sollte man ihn darin nicht ein bißchen unterstützen?

An einen horizontal aufgehängten Bambusstab hängen Sie an Fäden allerlei klingendes Material, z.B. Glöckchen, Dosendeckel, senkrechte Bambusstäbe, Tonperlen, Blumentöpfe und was Ihre Kinder sonst noch an tönendem Material entdecken.

In den Wind gehängt, ergibt sich nun ein mehr oder weniger schönes Konzert, das man ohne viel Aufwand noch verbessern kann.

Etwas Geduld braucht man für einen selbstgebauten Scheibendrachen, der auch bei geringem Wind steigt.

Hierzu schneidet man einen Kreis aus Pergaminpapier aus. Mit Kleister können aus Transparentpapier farbige Muster oder ein Gesicht aufgeklebt werden. Für das Gerüst benötigt man ein Bambusrohr von 2 cm Durchmesser, das mit einem Messer gespalten, geviertelt und abgeflacht wird. Nun werden zwei Bambusstäbe mit ihrer flachen Seite wie ein Kreuz übereinander gelegt. Der Kreuzpunkt sollte ungefähr 15 cm vom oberen Ende des vertikalen Holzes liegen. Mit einer dünnen Schnur bindet man die Stäbe zusammen und befestigt an diesem Kreuz auch gleich die Halteschnur von ungefähr 90 cm. Diese Halteschnur sollte gut eineinhalbmal so lang sein wie die Längsachse. Das Bambuskreuz wird nun mit Holzleim bestrichen und auf die ungemusterte Seite der Papierscheibe geklebt und mit Büchern beschwert, damit es wirklich gut klebt. Der Längsstab muß unter der Scheibe etwas herausschauen, damit die Halteschnur und der Drachenschwanz daran befestigt werden können.

Nun wird am Kreuzungspunkt der Stäbe auf der gemusterten Papierseite ein Stück durchsichtiges Klebeband befestigt, durchstochen und das 90 cm lange Schnurende auf die Vorderseite gezogen. Es wird an das überstehende Ende der Längsachse geknotet. Jetzt wird der Zugpunkt auf das Drachenzentrum abgestimmt und die „Waage" ermittelt. Hierzu legt man den Drachen flach auf seine Rückseite und hebt die Schlaufe mit einem Finger an. Sie muß sich etwa in der Höhe des oberen Drittels der Längsachse befinden. Hierein wird mit einem Spezialknoten ein Gardinenring geknüpft, der sich verschieben läßt und je nach Windstärke zu einem flacheren oder steileren (bei wenig Wind) Neigungswinkel verhilft. Der Drachen darf sich von der Längsachse gesehen weder nach rechts noch nach links neigen. Wenn er das doch tut, muß die leichtere Seite mit Papier beschwert werden, bis das Gleichgewicht hergestellt ist. Nun braucht der Drachen einen Schwanz, der siebenmal so lang wie die Längsachse sein soll. Falls der Drachen nicht steigt, kann man den Schwanz verkürzen. Wenn sich der Drachen um sich selbst dreht, muß man ihn verstärken oder verlängern. Der Schwanz kann aus mehreren Streifen Transparent- oder Kreppapier bestehen.

Tierspuren von Reh und Apfelfressern

Reh

Neben den gepaarten Trittsiegeln der gespaltenen Hufe, die 3–5 cm lang und 2–3 cm breit sind und die man auf feuchten Waldböden leicht erkennt, kann man auch die schwarzbraune Losung in Form ovaler „Pillen" und abgefressene Äste entdecken. Rehe benutzen meist immer wieder denselben Weg und fressen besonders gern die Spitzentriebe junger Bäume. Angescheuerte Bäume weisen darauf hin, daß hier ein junger Rehbock den Bast von seinem Geweih gerieben hat. Manchmal findet man auch die mit den Hufen ausgescharrten Nachtlager, die sich meist deutlich von der Umgebung absetzen.

Fraßspuren an liegengebliebenen Äpfeln

Findet man jetzt Fallobst, kann man erkennen, wer sich daran labte. Kinder können sich hier als kleine Detektive betätigen. Schnecken sitzen meist noch daran und brauchen lange, bis sie einen Apfel gefressen haben. Vögel hacken spitze Löcher in das Fruchtfleisch, und Mäuse höhlen die Äpfel mit ihren scharfen Zähnchen aus.

174

November –
das Leben zieht sich zurück

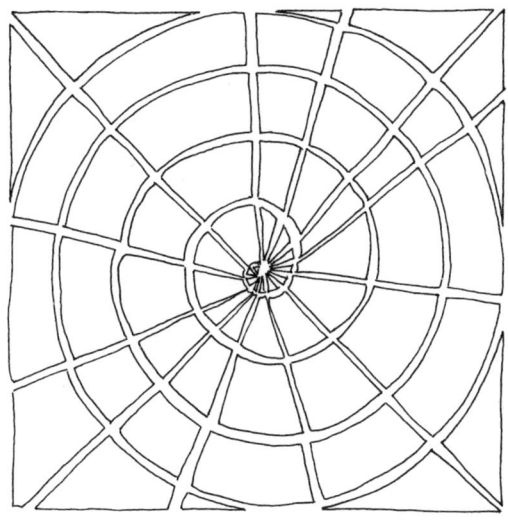

Der November ist ein trauriger Monat. Früher hieß er passend Nebelmond. Der Himmel weint und unsere Seelen auch. Dabei sind Tränen tatsächlich eine gute Möglichkeit, das Leid des November loszuwerden. Sie können die Traurigkeit wegspülen.Viele Tage erscheinen uns grau in grau – und das liegt weniger an der Natur als an unserem Bewußtsein, das sich mit den dunklen Seiten des Lebens konfrontiert sieht. Natürlich kann man diese Stimmung nicht an einem konkreten Datum festmachen. In der zweiten Herbsthälfte jedoch – z.B. bei einem Wetterumschwung Ende Oktober – werden wir fast immer irgendwann mit den Kräften der Finsternis, mit Depressionen, alten Wunden und Verlust konfrontiert. Jetzt verlieren die Bäume ihre letzten Blätter, es ist, als würden bunte Vorhänge weggerissen und dahinter eine andere Welt sichtbar. Es ist der Monat der Ent-

Täuschung: nicht nur die Bäume konfrontieren uns mit „nackten Tatsachen". Nicht zufällig ist dies der Monat, in dem wir an unsere Toten denken. Die andere Seite der Ent-Täuschung ist jedoch der Blick ins Jenseits, in die Anderswelt oder in unsere wahre Heimat, eine lichte Welt ohne Angst und voller Liebe – so der übereinstimmende Glaube vieler Religionen.

Am ersten November ist Allerheiligen, ein Tag, an dem die Gräber gereinigt und Totenlichter entzündet werden. Im Mittelalter gab man den Toten noch Brot, Bohnen und Wein aufs Grab. Am zweiten November, Allerseelen, glaubte man, daß die armen Seelen für einen Tag das Fegefeuer verlassen und bis zum Morgen in ihre alten Wohnungen zurückkehren dürfen, wo man Speisen für sie aufstellte.

Der Buß- und Bettag konfrontiert uns mit unserer Schuld und gibt die Möglichkeit zum Gespräch mit Gott. Volkstrauertag (heute Friedenssonntag) und Totensonntag erinnern an Krieg und Leid in dieser Welt.

Unabhängig davon, wie man zu den einzelnen religiösen Gedenktagen steht und unabhängig von der eigenen Weltsicht, dem eigenen Glaubensbekenntnis:

Der November bringt dieses Gedenken an Tod, Abschied und Dunkelheit mit sich, und ich glaube, daß es gut tut, sich dahinein zu wagen. Je mehr wir etwas aus unserem Leben ausklammern und verdrängen wollen, desto deutlicher kommt es durch „die Hintertür" wieder hinein.

Kinder interessieren sich für das Thema Tod durchaus – und oft erleben sie bei den Erwachsenen Angst und Sprachlosigkeit, was dieses Thema betrifft. Diese Erfahrung – und nicht etwa das Thema selbst – macht Kindern angst. Ist der Tod etwas, was Erwachsene fürchten müssen? Was sie, die sonst alles regeln und managen –, nicht in den Griff kriegen?

Jedes Leben endet mit dem Tod – aber hört es damit wirklich auf?

Es ist bisher nicht „wissenschaftlich bewiesen", was nach dem Tod kommt, dennoch ist sehr viel Weisheit darüber vorhanden, und das spannende ist, daß sich uralte Überlieferungen in erstaunlicher Weise mit neusten Erkenntnissen decken. So sind zum Beispiel Tausende von Menschen mit Nahtoderlebnissen befragt worden: Sie waren klinisch tot, konnten jedoch wiederbelebt werden. Keiner von ihnen hat schreckliche oder angsteinflößende Erlebnisse gehabt, im Gegenteil: Es fiel ihnen schwer, aus Licht und Frieden wieder in die Härte des Lebens zurückzukehren.

Wissenschaftliche Theorien über die Zeit – und damit die Lebenszeit – geben den alten Weisheitslehren recht, die da behaupten, daß Zeit Illusion sei. Die Lebenszeit endet mit der Aufgabe einer bestimmten körperlichen Form, aber es ist eine Illusion zu meinen, daß damit das Leben aufhört. Die Natur lebt uns das alljährlich vor, und von Anbeginn der Menschheit war die Frage: was kommt dann? von großer Bedeutung. Mythen und Märchen geben darauf Antworten – auch da, wo keine Fragen gestellt werden. Die Götter des Todes waren auch immer die, welche stärkste Lebenskräfte repräsentierten, und Jesus selbst starb am Kreuz, um die Auferstehung zu ermöglichen.

Alle Helden in Märchen, Mythen und Sagen müssen durch dunkle und gefährliche Abenteuer gehen, müssen Abschied nehmen und kämpfen, Verletzungen und oft sogar Folter hinnehmen, um letztendlich in das goldene Schloß einzuziehen oder das ewige Leben zu genießen.

Zeigen Sie Ihren Kindern die Knospen hinter den abfallenden Blättern, die gute Erde, die sich aus Laub bildet und das vielfältige Leben in der scheinbar abgestorbenen Natur. Geburt und Tod gehören zusammen. Und wenn man bedenkt, wie schwierig das Leben auf dieser Erde ist, müssen wir Elisabeth Kübler-Ross recht geben, die vorgeschlagen hat, den Tod zu feiern, weil er die Erlösung von den irdischen Problemen bringt, die mit unserer Geburt beginnen.

Die Trauer gehört zum November. Aber zu ihm gehören auch die Behaglichkeit, an einer brennenden Kerze zu sitzen oder am warmen Ofen. Zu ihm gehört auch die Erkenntnis, daß wir das Leben genießen dürfen, auch wenn wir mit seinem formalen Ende konfrontiert sind.

Der November hat zweifellos auch besonders schöne Seiten. Er lädt zum Vorlesen und Am-Ofen-Sitzen, zum Schlafen und Träumen ein. Diese wunderschöne Stimmung ist in dem folgenden Gedicht von Mascha Kaléko beschrieben.

Der Mann im Mond

Der Mann im Mond hängt bunte Träume,
die seine Mondfrau spinnt aus Licht,
allnächtlich in die Abendbäume,
mit einem Lächeln im Gesicht.

Da gibt es gelbe, rote, grüne
und Träume ganz in Himmelblau.
Mit Gold durchwirkte, zarte, kühne,
für Bub und Mädel, Mann und Frau.

Auch Träume, die auf Reisen führen
in Fernen, abenteuerlich.
– Da hängen sie an Silberschnüren!
Und einer davon ist für dich.

Im Tod das Leben entdecken: Grünes finden und Licht in der Dunkelheit anzünden

Während einem der November in der Stadt besonders grau vorkommt, stellt man bei einem Spaziergang schnell fest, daß in der Natur noch vieles grün ist. Es gibt viele immergrüne Pflanzen, aber im November blühen auch noch Astern, Rosen und Chrysanthemen. An den Bäumen können wir Flechten entdecken und im Herbstwald auf buntem Laub spazierengehen. Wir finden Pilze und Moos, verschiedene Farne und natürlich Nadelbäume, die mit Ausnahme der Lärche ihre grünen Blätter bzw. Nadeln behalten. Oft wirkt der Wald im November wie verzaubert, wenn wir durch Nebelschwaden wandern oder nach einer frostigen Nacht alles mit Reif überzogen ist.

Der Herbst hat auch einen eigenen Geruch, den wir im November im Wald oft besonders deutlich wahrnehmen können.

Efeu gehört zu den immergrünen Pflanzen, die wir neben Immergrün und Stechpalme (Ilex), Fichte, Tanne und Kiefer fast überall antreffen können. Diese sehr ausdauernde Pflanze, die sich an Bäume und von Menschen geschaffenes Mauerwerk oder Steine regelrecht klammert, ist ein Symbol für Treue über den Tod hinaus. In England heißt sie passend „lovestone", Liebesstein. Beim Ritual der Eheschließung überreichte in Griechenland der Priester dem Paar eine Efeuranke als Symbol von Liebe und Treue. Efeu ist zwar „anlehnungsbedürftig", weshalb er auch als weibliche Pflanze gilt, schmarotzt jedoch nicht, d. h., er entzieht anderen Pflanzen keine Nahrung. Die ersten Christen sollen ihre Toten auf Efeu gebettet haben, denn mit seinen immergrünen Blättern ist Efeu auch ein Symbol für ewiges Leben.

In Griechenland galt Efeu als Beweis für die Anwesenheit des Vegetationsgottes Dionysos, der ursprünglich ein thrakischer Gott war und sein Haupt stets mit Efeu umrankte.

Efeu findet man sowohl als Topfpflanze in Blumengeschäften als auch in der freien Natur, in Parks und auf Friedhöfen. Essen sollte man Efeu auf keinen Fall, besonders die Früchte sind bei Überdosierung von hoher Giftigkeit.

Der November ist auch ein stiller Monat. Eva Strittmatter beschreibt in ihrem Gedicht „Vor einem Winter" diese Stimmung vortrefflich.

Ich mach ein Lied aus Stille
Und aus Septemberlicht.
Das Schweigen einer Grille
geht ein in mein Gedicht.

Der See und die Libelle.
Das Vogelbeerenrot.
Die Arbeit und die Quelle.
Der Herbstgeruch von Brot.

Der Bäume Tod und Träne.
Der schwarze Rabenschrei.
Der Orgelflug der Schwäne.
Was immer es auch sei,

das über uns die Räume
aufreißt und riesig macht
und fällt in unsre Träume
in einer finstren Nacht.

Ich mach ein Lied aus Stille.
Ich mach ein Lied aus Licht.
So geh ich in den Winter,
und so vergeh ich nicht.

Am 11. November ist Martinstag. Dieser Tag markierte ursprünglich das Ende des Bauernjahres. Die Martinsgänse waren als Opfer für die Götter gedacht. Aus dem römischen Martinaliafest wurde der heutige Martinstag, an dem wir uns an Sankt Martin erinnern. Dieser teilte sein letztes warmes Kleidungsstück mit einem notleidenden Fremden und ist das vorweihnachtliche Bild für Opferbereitschaft, Güte und Demut. Im heutigen Ungarn um das Jahr 316 geboren, wurde er in der römischen Stadt Pavia erzogen. Mit zwölf Jahren soll der Junge von seinen „heidnischen" Eltern fortgelaufen sein, um sich im christlichen Glauben unterweisen zu lassen. Als Sohn eines Ritters war Martin jedoch verpflichtet, mit 15 Jahren in den Dienst des Kaisers zu treten. Mit 18 Jahren ließ er sich taufen, und zwei Jahre später wurde er aus seinen Ritterpflichten entlassen. Durch das Vorbild seiner Taten lehrte er den christlichen Glauben und wurde 371 zum Bischof von Tours gewählt.

Die Martinslegende beschreibt die Zeit seiner Ritterschaft. An einem kalten, regnerischen Novemberabend unterwegs, traf Martin vor dem Stadttor von Amiens einen armen Mann, der nur mit Lumpen bekleidet war und vor Kälte zitterte und fror. Weil Martin nichts anderes bei sich trug als sein Rittergewand und einen warmen Mantel, nahm er ohne Zögern sein

Schwert und teilte den Mantel in der Mitte durch. Die eine Hälfte gab er dem Armen, die andere hängte er sich selbst um die Schulter.

Heute finden am Martinstag oft Laternenumzüge statt, die für Kinder und Eltern zu einem schönen Erlebnis in der dunklen Zeit werden können. Bunte Lichter hellen den Abend auf und Musik in Form der traditionellen Laternenlieder, die am besten durch Akkordeon oder Gitarre unterstützt werden sollten, bringen eine fröhliche Stimmung in die Nacht. Ein abschließendes Feuer im Kindergarten oder auf dem Schulhof, heiße Getränke, Stockbrot und Kuchen machen den Umzug zu einem unvergeßlichen Fest.

Laternen

Sie lassen sich relativ einfach mit Seidenpapier und Kleister gestalten. Schon ganz kleine Kinder können Marmeladengläser, die mit Tapetenkleister eingestrichen werden, mit farbigem Seidenpapier bekleben. Mit einem Teelicht versehen, eignen sich diese Laternchen mehr zum Aufstellen in Haus oder Garten, denn zum Tragen sind sie für die Kleinen zu schwer.

Pustet man jedoch einen Luftballon auf und umhüllt diesen unteren Teil Schicht für Schicht mit Kleister und Seidenpapier, braucht man zwar etwas mehr Geduld (er muß mehrere Tage trocknen), erhält jedoch eine leichte, wunderschöne Laterne, die nur noch einen Drahthenkel zur Befestigung des Stockes und ein Teelicht auf dem Boden braucht.

„Leuchtende Häuser" kann man aus Zwei-Liter-Milchtüten herstellen. Diesen wird das obere Drittel abgeschnitten. Von den vier gleichen Kanten wird jeweils die Mitte markiert, die die Spitze eines Dreiecks bilden soll, das den Dachgiebel darstellt. Erwachsene müssen kleinen Kindern nun helfen, Fenster in das Haus zu schneiden. Die Fassaden werden mit Plakatfarbe angestrichen.Wenn dieser Anstrich getrocknet ist, werden die Fenster von innen mit Transparentpapier überklebt. Auf den Boden der Milchtüte kommt ein Teelicht, an zwei gegenüberliegenden Giebeln wird ein Draht befestigt, der Henkel, an dem der Laternenstock befestigt wird.

Zum Laternenfest kann es *Holunderpunsch* geben (vgl. S. 156), den man gegebenenfalls im Reformhaus auch fertig kaufen kann.

Aus Hagebuttentee und frisch gepreßtem Orangensaft läßt sich ebenfalls ein köstlicher *Punsch* herstellen. Auf zweieinhalb Liter Wasser gibt man drei gehäufte Eßlöffel getrocknete Hagebutten (Hagebuttentee) und kocht diese kurz mit einem Teelöffel zerstoßenen Nelken, einem Anisstern und einer Zimtstange auf. Dieser Gewürztee wird durchgesiebt und mit dem Saft von drei Orangen und einer Zitrone vermischt. Wenn Sie ungespritzte Orangen bekommen, sind einige Scheiben mit Schale darin besonders gut. Die Mischung wird mit Honig gesüßt und natürlich heiß getrunken.

Bratäpfel können Kinder schon selber herstellen, wenn sie von Äpfeln die Kerngehäuse ausstanzen und in diese Röhre geriebene Haselnüsse oder Mandeln, Honig oder Marmelade und Vanillepulver geben. Im Backofen brauchen Bratäpfel auf der mittleren Schiene ungefähr 20 Minuten. Schlagsahne oder Vanillesoße sind eine leckere Beigabe.

Mondenhörnchen

werden aus Hefeteig hergestellt und schmecken ebenfalls warm sehr gut.

Man benötigt:
1 kg fein gemahlenes Weizenmehl
3 Eier
250 g weiche Butter
2 Würfel Hefe oder Trockenhefe
200 g Rosinen
200 g kalte Milch
4 Eßlöffel flüssigen Honig
Puderzucker zum Bestäuben

182

Das Mehl wird in eine Schüssel gegeben und mit Hefe, lauwarmer Milch und Honig und weicher Butter verknetet. An einem warmen Ort muß der Teig jetzt mindestens 15 Minuten zugedeckt gehen. Jetzt werden Eier und Rosinen hinzugefügt und der Teig weitere 30 Minuten zur Ruhe an einen warmen Ort gestellt. Der Backofen wird auf 175 Grad vorgeheizt. Die Hörnchen werden geformt, auf ein gefettetes Backblech gelegt und eingeschoben. Man stellt noch ein Gefäß mit kochendem Wasser in den Ofen und läßt die Hörnchen goldbraun backen.

Jetzt können sie mit Puderzucker bestäubt und gegessen werden.

Ein weiteres „Erheiterungsmittel" für naßkalte Novembertage sind frisch gebackene *Waffeln*. Mit einem Kinderwaffeleisen können sich größere Kinder diese sogar selber herstellen. Für den Teig benötigt man:

250 g Weizenvollkornmehl
1 Teelöffel Weinstein Backpulver
125 g Butter
1 Tasse Milch (ein Viertel Liter)
2 Eier
2 Eßlöffel flüssigen Honig

Zuerst wird die Butter im Topf geschmolzen. In einer Rührschüssel werden jetzt alle Zutaten gründlich verrührt, so daß ein flüssiger Teig entsteht. Dieser muß ungefähr eine Viertelstunde ausquellen. Jetzt wird das Waffeleisen geheizt und der Teig mit der Kelle hineingegeben. Das Eisen wird zugeklappt und nach ungefähr drei Minuten die fertige Waffel herausgeholt. Dazu schmeckt Apfel- oder Hagebuttenmus und Zimtsahne.

Tierspuren von Zaunkönig, Grünfinken und Regenwürmern

Das Nest des Zaunkönigs

Der winzige Singvogel mit dem auffällig nach oben gestellten Schwanz ist der kleinste unter den heimischen Vögeln. Im Sommer sieht man ihn nur selten, aber jetzt, wo die Blätter gefallen sind, begegnet man dem kleinen braunen Kerl, der weniger als ein Brief wiegt, wieder öfter. Sein Nest ist auffällig, weil es rundum geschlossen ist und einen seitlichen Eingang hat. Es ist so groß wie eine Männerhand und wird in ungefähr drei Meter Höhe in Hecken und Büsche oder Bäume gebaut. In Städten kann man es sogar in der Fassadenbegrünung finden. Auch wenn der Zaunkönig um diese Zeit seine Kinder nicht mehr im Nest hat, dient es ihm in kalten Nächten noch als Schlafplatz. Also bitte nicht entfernen! Der Zaunkönig lebt als gewandter Turner von Spinnen und anderen Insekten und er mag auch Wildfrüchte: aber nur drei Sorten: Himbeeren und schwarzen und roten Holunder.

Grünfinken

Diese häufig anzutreffende Vogelart liebt Samen aller Art. Deshalb sollten Gartenbesitzer ihre verblühten Stauden erst im Frühling abschneiden, denn Grünfinken sind hier gern zu Gast. Besonders gern mag der Grünfink Hagebutten, die er zerhackt, um an die Kerne zu kommen. Insgesamt fressen Grünfinken die Früchte von 26 heimischen und 30 exotischen Gehölzen!

Regenwürmer

Was viele Erwachsene vielleicht nicht sehr appetitlich finden, interessiert Kinder durchaus: bei Regenwetter findet man die dunkelrosafarbenen, fleischroten oder schmutzigweißen

Würmer oft auf Wegen und wenig befahrenen Straßen, von denen meine Tochter und ich sie regelmäßig retten. Die unterschiedlichen Farben hängen zum einen mit dem Alter des Regenwurms, zum anderen mit unterschiedlichen Arten zusammen. In Europa gibt es allein 30 verschiedene! Die wenigsten Menschen wissen, was wir diesem Wurm alles verdanken: Indem er, wenngleich zahnlos, abgestorbene Pflanzenteile und Erde frißt und wieder ausscheidet, entsteht wertvoller Humus, die beste Blumenerde, die man sich denken kann. Mehr als hundert Würmer betätigen sich unter jedem Quadratmeter ungespritzten Gartenboden. Auf einem Hektar Land leben schätzungsweise 1250 kg Regenwürmer, die im Verlauf eines Jahres 20–50 Tonnen Kot produzieren und den gesamten Boden durchlüften.Der Wurmkot enthält doppelt soviel Phosphor, dreimal soviel Kalium und siebenmal soviel Stickstoff, doppelt soviel Kalzium und sechsmal soviel Magnesium wie die normale Erde. Kein Wunder, daß auch der Naturforscher Charles Darwin vom Regenwurm begeistert war. Er hält ihn für eines der bedeutensten Lebewesen auf diesem Planeten und mindestens so lebenswichtig für den Menschen wie die Erfindung des Pflugs.

Der Körper des Regenwurms besteht aus vielen feinen Ringen, weswegen man alle Würmer dieser Art als Ringelwürmer bezeichnet. Legt man einen Regenwurm auf ein Stück Papier, kann man erkennen, wie er sich fortbewegt. Seine Ring- und Längsmuskeln dehnen sich und ziehen sich wieder zusammen, es entsteht ein kratziges Geräusch, das von den feinen Borsten kommt, die an jedem Rumpfring sitzen.Wenn man vorsichtig über den Wurm streicht, kann man sie auch fühlen.

Wer einmal mit Kindern beobachten will, was der Regenwurm alles leistet, kann sich entweder eine Wurmkiste bauen und biologische Abfälle so kompostieren oder die Regenwürmer zwischen zwei Glasscheiben beobachten.

Hierfür benötigt man zwei Holzleisten von ungefähr 3 cm Breite als Seitenwände und zwei Plexiglasscheiben als vordere und hintere Sichtwand. Über dieses „Regenwurmbergwerk" wird ein dunkles Tuch oder ein Karton gestülpt, damit die

Tiere die gewohnte Dunkelheit haben. Abwechselnd wird jetzt dunkle Gartenerde und heller Sand in den Zwischenraum geschichtet. Obenauf werden alte Blätter, benutzte Kaffeefiltertüten und andere organische Abfälle gelegt. Zum Abdecken benutzt man Gaze oder ein Drahtgitter – von oben muß Luftzufuhr ermöglicht werden.

Nach 6–10 Wochen sollen die Regenwürmer wieder zurück in einen Garten dürfen – aber bitte warten sie hierzu einen frostfreien Tag ab.

Mit einer Wurmkiste kann man wesentlich mehr Abfälle kompostieren. Es handelt sich hierbei um eine mit Kindern selbstgezimmerte oder gekaufte Holzkiste mit Deckel. Die oberen Seitenwände müssen ein paarmal durchbohrt werden, damit die Würmer ausreichend Luft bekommen. Auf dem Balkon plaziert, kann man so eine Kiste auch als Sitzbank benutzen. In diese Kiste werden nun feuchtes Laub, Gartenerde, feuchtes Zeitungspapier und organische Abfälle – insbesondere Kaffeesatz, die Lieblingsspeise der Würmer – hineingegeben. Jetzt können die Tiere einziehen. Wir können Kompostwürmer entweder von einer Wurmfarm kaufen oder selber finden, indem wir an einem frostfreien Tag irgendwo graben. Wichtig ist, daß die Wurmkiste nie austrocknen darf, sondern immer feucht sein muß. Bei starken Frösten (mehr als minus 3 Grad) sollte die Kiste in den Keller oder einen Schuppen. Kindern macht es Spaß, immer wieder nach den Würmern zu schauen und vielleicht sogar bald die hellen, millimetergroßen Wurmbabies zu entdecken. In der Kiste entsteht unter den frischen Abfällen bald wertvolle Humuserde, die wir für Blumentöpfe und Balkonkästen abnehmen können.

Advent heißt Ankunft

Der letzte Sonntag im November ist manchmal schon der erste Advent. Obwohl es dann noch gute drei Wochen dauert, bis die Tage wieder heller werden, ist dieser erste Advent für mich immer ein besonderer Lichtblick.

186

Schon das Anfertigen eines kreisrunden Kranzes ist eine Freude und geht leichter, als man zunächst vermuten würde. Tannenzweige kann man auf Märkten und in Blumenläden kaufen, aber vielleicht auch selber schneiden. Viele Gartenbesitzer haben viel zu viele Tannen oder Fichten in ihren Gärten und erlauben das gern. Einen Strohkern kann man fertig kaufen und alljährlich wieder verwenden. Man kann statt dessen auch längere Weidenzweige mit Blumendraht zu einem Kreis binden. Wenn man die Weidenzweige in Wasser legt, werden sie besonders biegsam. An diesen ersten Kreis werden jetzt weitere Zweige gelegt und mit grünem Blumendraht festgewickelt. Damit man die Aststiele nicht sieht, legt man die Zweige schuppenförmig übereinander.

Vier rote Kerzen und rote Schleifen zum Aufhängen gehören für mich dazu. Für die Kerzen kann man passende Kerzenhalter kaufen und in den Kranz stecken. Man kann jedoch auch ein Drahtende über einer Flamme erwärmen und in die untere Mitte einer Kerze bohren. Das heraushängende Drahtende wird nun am Kranz befestigt. Bitte lassen Sie den Adventskranz nie unbeaufsichtigt brennen – eine vergessene und dann abgebrannte Kerze kann leicht einen Brand auslösen.

Der Kranz ist als Kreis ein Symbol der Ewigkeit, ein Symbol für das andauernde Wirken göttlicher Kräfte auf Erden. Die grünen Nadeln symbolisieren ewiges Leben und die roten Kerzen und Schleifen die Liebe.

Ich mag es, an den Adventssonntagen ein kleines Ritual zu feiern. Bei Kerzenschein gibt es Gebäck und Mandarinen, heißen Tee, Lieder und eine Geschichte, die in die dunkle Vorweihnachtszeit paßt.

Zur weiteren Lektüre

Anderson, Lena/Björk, Christina: Linus läßt nichts anbrennen, München 1981.

Dies., Linneas Jahrbuch, Bielefeld o.J.

Bergmann, Heide/Bühring,Ursel/Groß, Andrea: Kleine grüne Wunder. Mit Kindern die Natur entdecken, Freiburg 1996.

Beuchert, Marianne: Symbolik der Pflanzen, Frankfurt 1995.

Briswalter, Maren/Monson, Diana: Winterlicht. Das andere Weihnachtsbuch, Stuttgart ³1996.

Hoefer, Liese: Atmende Erde, Stuttgart 1989 (leider restlos vergriffen).

Hufmann, Sabine und Susanne: Blumen der Sonne. Naturmeditationen mit Kindern, München 1997.

Kremer, Bruno/Fischer, Nora: Kosmos Familienbuch Natur, Stuttgart 1995.

Kutik, Christiane/Ott-Heidmann, Eva-Maria: Das Jahreszeitenbuch, Stuttgart 1987.

Monaghan, Patricia: Lexikon der Göttinnen, Bern, München, Wien 1997.

Müller-Hiestand, Ursula: Erde, Wasser, Luft, Feuer. Mit Kindern die vier Elemente erfahren, Aarau 1990.

Preuschoff, Gisela: Die heilende Kraft der Bäume, München ³1997.

Ravensburger Spieljahr, Ravensburg 1994.

Recht, Christine/Wetterwald, Max: Ernte am Wegrand, Stuttgart 1985.

Rütting, Barbara: Koch- und Spielbuch für Kinder, München 1982.

Stöcklin-Meier, Susanne: Naturspielzeug , Ravensburg 1997.

Straaß, Veronika: Natur erleben das ganze Jahr, München 1997.

Witt, Reinhard: Tierspuren. Beobachtungen durch das ganze Jahr, München 1994.

Quellennachweis

Elisabeth Borchers: Es kommt eine Zeit,
  aus: dies., Und oben schwimmt die Sonne davon.
  © Heinrich Ellermann Verlag, München 1965.
  Text von Seite 26
Georg Britting: Die Sonnenblume,
  aus: ders., Gedichte 1919–1939.
  List Verlag, München 1993, Bd. II, S. 56, © Ingeborg Schuldt-Britting.
  Text von Seite 135
Mascha Kaléko: Der Mann im Mond,
  aus: dies., Verse für Zeitgenossen.
  Rowohlt Verlag, Reinbek 1980, © Gisela Zoch-Westphal.
  Text von Seite 178
Ilse Kleberger: Weißt du, wie der Sommer riecht?
  aus: Hans-Joachim Gelberg (Hg.), Die Stadt der Kinder.
  Bitter Verlag, Recklinghausen 1969, © bei der Autorin.
  Text von Seite 103
Hans Manz: Winter,
  aus: ders., Schnickschnack.
  Stallius-Verlag, © beim Autor.
  Text von Seite 43
Owlglass: Beim Stöbern in der Gartenhecke,
  aus: ders., Dr. Owlglass' Rezeptbuch.
  © 1995 by Nymhenburger Verlag in der F. A. Herbig Verlagsbuchhandlung GmbH, München.
  Text von Seite 56
Owlglass: Der Himmel blaut,
  aus: ders., a. a. O.
  Text von Seite 70

Eugen Roth, Ein Mensch bemerkt mit bittrem Zorn,
    aus: ders., Ein Mensch. Heitere Verse.
    Carl Hanser Verlag, München 1949, © Dr. Eugen Roth Erben
    München.
    Text von Seite 121
Eva Strittmatter: Vor einem Winter,
    aus: dies., Ich mach ein Lied aus Stille.
    © Aufbau Verlag, Berlin – Weimar 1973.
    Text von Seite 179

Abbildungsnachweis

Kinder brauchen Stille

HERDER / SPEKTRUM